모두가 성공하는 디지털 미술활동

모두가 성공하는
디지털 미술 활동

김보민, 이영옥 지음

2022
개정 교육과정
기반

테크빌교육

디지털 미술 수업의 원천이 되기를 바라며

대학시절 어느 성당에서 야학봉사를 2년쯤 한 적이 있다. 중고등학교를 졸업하지 못한 어르신들이 검정고시를 합격할 수 있도록 도움을 드리는 야간학교였다. 교사들은 모두 대학생 봉사자들이었다. 충분히 디지털이 발달한 시대임에도 불구하고 성당 지하의 교실은 열악했다. 녹색 칠판과 분필, 교탁, 책걸상이 전부였던 과거의 교실이었다. 1977년 시작된 이 학교는 2011년 문 닫기까지 텔레비전 하나 없는 교실에서 580명의 졸업생과 수천 명의 검정고시 합격자를 배출했다. 85인치 텔레비전과 전자칠판, 태블릿컴퓨터가 완비되어 있는 지금 학교 교실에서의 수업은 과연 그 야간학교 교실의 수업보다 의미가 있을까?

에듀테크의 향연을 보고 있노라면 교육이라는 것은 낡은 녹색 칠판 위에서도, 지붕이 없는 공터에서도 이뤄져 왔다는 것을 망각하게 된다. 수업의 본질은 '배움'이다. 교과서도, 분필도, 칠판도, 텔레비전도, 태블릿컴퓨터도 모두 배움을 보조하는 도구에 불과하다. 분필과 칠판이 주인공인 수업을 본 적이 있는가? 수업의 주인공은 언제나 학생이다.

원고를 집필하며 수업의 주인공은 학생임을 잊지 않으려 노력했다. 학생들의 배움과 경험에 디지털 도구들이 어떤 도움을 줄 수 있을지, 교사의 지도를 어떻게 효과적으로 도와줄 수 있는지에 중점을 두었다.

이 책에서는 미술 수업에 사용할 수 있는 다양한 디지털 도구들의 기초적인 사용법과 수업 사례들을 소개하고 있다. 제시된 수업을 그대로 따라 해도 좋지만, 영감의 원천으로 사용하길 바란다. 학생들에게 최고의 수업은 담임 선생님의 수업이다. 훌륭한 미술 수업에 이 책이 작게나마 영감의 원천이 되길 소망한다.

김보법

창작과 소통의 즐거움으로 미술을 만끽하기를

교직 생활을 하며 퇴근 후 스트레스를 해소할 방법이 필요했는데, 무작정 눈앞에 보이는 패드에 디지털드로잉 앱을 설치하고 카페에서 아무 그림이나 그리기 시작했다. 디지털 미술 활동을 통해 나는 언제 어디서나 쉽게 재충전할 수 있었고 힐링의 시간을 경험할 수 있었다.

디지털 미술 활동은 콘텐츠 소비자에서 생산자로 변화하는 기회도 주었다. 일상에서 느낀 점을 커피 캐릭터로 표현하며 SNS에 힐링툰(Heartoon)을 연재하기도 했는데 이 과정에서 많은 사람들과 소통하고 공감할 수 있었다. 세상에 나의 경험과 이야기를 나누면서 참쌤스쿨, 학교가자.com, NFT 작가 활동 등 다양한 기회를 가질 수도 있었다.

이런 경험을 학생들과 나누고 싶은 마음에 디지털드로잉 학급 경영을 시작했는데, 결과는 놀라웠다. 그림에 자신감 없던 학생들이 디지털드로잉에 누구보다 적극적인 모습을 보였다. 미술 실력이 부족했던 학생들도 디지털 도구를 이용해 자기 생각을 가장 적극적으로 표현하기 시작했고, 학생들은 학교생활에도 자신감을 갖게 되었으며 쉬는 시간에도 그림 그리기에 몰두했다. 학생들의 성취감으로 반짝이던 눈빛을 잊을 수 없다. 나처럼 콘텐츠 소비자에서 생산자로 변화하고 있음을 느낄 수 있었다.

미술 실력이 부족한 학생들도 디지털 도구를 활용한다면 자신의 생각을 마음껏 표현하고 나눌 수 있다는 것을 경험을 통해 알고 있다. 디지털 도구가 모든 것의 정답이 될 수는 없겠지만, 학생들이 이를 잘 활용한다면 자신과 세계를 이해하고 미술 문화 창조에 주도적으로 참여할 수 있는 계기가 될 수 있을 것이다.

이병용

목차

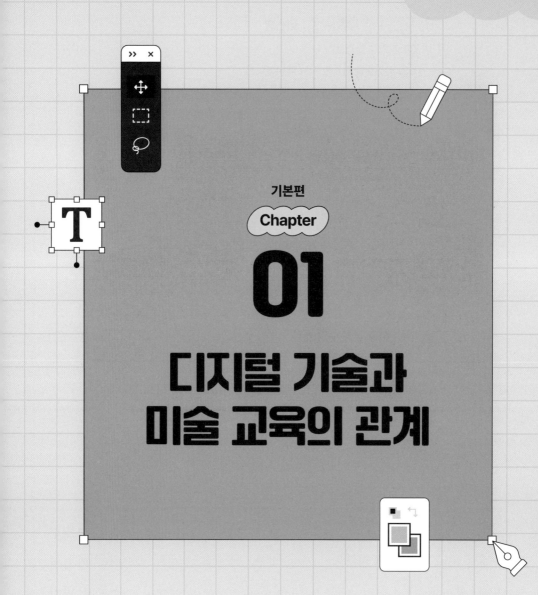

기본편

Chapter

01

디지털 기술과
미술 교육의 관계

교실은 수백 년간 변하지 않았다는 혹자들의 비판과 달리 세상의 변화와 함께 교육 또한 많은 변화와 발전이 있었다. 특히나 디지털 기술의 발전은 교육 전반에 걸쳐 많은 변화를 가져왔다. OHP 영사기는 역사 속으로 사라진 지 오래며 항공모함처럼 거대한 실물화상기는 몸집을 줄이고 고화질의 것으로 변모했다. 게다가 교실에 70인치 텔레비전과 컴퓨터가 있는 것은 너무나 당연한 모습이 되었으며 학생 수에 맞춰 태블릿 PC까지 구비되어 있다. 지금 세대의 교사와 학생들에게는 무척이나 당연한 이야기겠지만 시간을 조금만 거슬러 보면 수많은 디지털 기기가 유입되며 혼란을 초래했던 과도기가 있었다. 손으로 작성하던 생활통지표를 어느 날 워드프로세서로 작성하며 생긴 혼란부터 조금 익숙해질 만하니 나이스(NEIS)로 통지표를 작성하면서 생긴 혼란까지, 이외에도 디지털 기기 활용에 대한 철학이 정립되지 않은 채 교사가 온라인을 활용한 공개수업에서 난처한 상황을 마주하기도 했다. 이러한 촌극은 현재의 학교 현장에서는 찾아보기 힘들다.

이러한 디지털 습격에도 미술 교육은 크게 영향을 받지 않아 왔다. 아무래도 미술 교육은 도화지에 크레파스를 들고 학생이 '직접' 그리는 과목이란 관념이 지배적이기 때문일 것이다. 게다가 미술계는 혹자들이 예상하는 것보다 훨씬 보수적인 까닭이 크다. 디지털 미술 작품이 유화 작품의 명성과 평가액을 뛰어넘으려면 앞으로 족히 200년 정도는 더 걸릴 것이다. 새로운 장르와 방식을 받아들이는 데 가장 소극적인 곳이 예술 영역이다. 그럼에도 디지털 매체를 이용해 미술을 하는 행위는 예전부터 디자이너들이나 웹툰 작가들에 의해 이뤄지고 있었다. 다만 어디까지나 전문가의 영역이었다. 그러나 아이패드와 같은 태블릿 PC가 보급되고 스마트 펜슬과 드로잉 소프트웨어가 발전을 거듭하며 이제는 누구나 디지털 드로잉을 할 수 있는 시대가 되었다. 그림 좀 그린다고 하는 중고등학생들은 아이패드를 들고 메디방페인트나 프로크리에이트로 작품을 만들어 커뮤니티에 공유한다. 그림을 그리지 않더라도 아이패드는 이미 고등학생들의 필수품이 되었다.

미술 교육 또한 최근에 와서는 디지털 영역과의 접합을 다양하게 시도하고 있다. 게다가 2022 개정 교육과정에서는 디지털 역량이 미술과 성취 기준에 명시되었다. 이제는 교사라면 단순한 미술 수업을 넘어 디지털 역량을 포함한 미술 수업을 할 수 있어야 하는 시대가 된 것이다. 덕분에 앞서 말한 촌극들이 미술 교육에서 일어나기 시작했다. 미술 교과의 성취 기준을 달성하기 위해 디지털 매체를 사용한다기보다는 디지털 매체를 사용하기 위해 미술 수업을 끼워 맞췄다는 느낌의 수업들도 등장하고 있다. 심한 경우 이 수업이 미술 수업인지 애플리케이션 영업인지 헷갈릴 정도이다. 그렇다면 거스를 수 없는 흐름이 된 디지털 매체를 통한 미술 수업의 다양한 장점들을 먼저 알아보도록 하자.

시간의 제약을 뛰어넘어 작업자의 실수를 되돌릴 수 있으며 미술 작품이 공간적 한계를 넘어 수많은 사람들에게 보일 수 있다. 드로잉 툴들은 선보정 기능을 통해 작업자의 미술 기능적 한계를 보완해 주고 드로잉 인공지능들은 작업자의 의식 수준을 넘어선 영감을 안겨 줄 수 있다. 홈페이지나 SNS에 빠르고 즉각적인 공유가 가능하며 물감과 이젤, 캔버스 등 수많은 준비물이 필요한 아날로그 미술 활동에 비해 태블릿 PC와 스마트 펜 두 가지로 다양한 것들을 표현할 수도 있다. 단, 알맞게 잘 사용했을 때의 이야기이다. 그렇지만 디지털 매체를 통한 미술 수업은 단점도 가지고 있다.

🖋 디지털 미술 수업의 장단점

장점	단점
·시간과 공간의 한계를 넘을 수 있다. ·작업자의 미술 기능적 한계를 보완해 준다. ·즉각적이고 빠른 공유가 필요하다. ·작품 제작에 필요한 준비물의 수가 적다. ·작업자의 의식 수준을 넘어선 영감을 안겨 줄 수 있다.	·재료의 물성을 느낄 수 없다. ·전자기기에 전적으로 의존한다. ·결과물이 실재(實在)하지 않는다. ·인공지능의 활용 방안과 정체성이 확립되지 않았다.

초등학생들의 미술 수업에 있어 무엇보다 중요한 것은 다양한 재료의 물성을 느끼고 체험하는 것이다. 찰흙과 물감, 종이 등을 직접 만지고 경험하는 것 또한 미술 수업이 가진 목적 중 하나다. 디지털 매체를 통한 미술 수업의 경우 이러한 물성들을 경험할 수 없다. 물성을 느낄 수 없는 태블릿과 컴퓨터 화면 속의 작업물은 사실 실재하지 않는 것이다. 그 때문에 디지털 매체로 만든 결과물 또한 실재하지 않는다고 볼 수 있다. '프린터나 3D프린터를 통해 인쇄하면 되지 않나?' 라고 생각할 수 있겠지만 캔버스 위에 정성과 시간, 재료들을 투입하여 제작한 기존의 작품들과 같은 가치를 가지는지는 아직 의문이다.

전자기기에 의존한다는 치명적인 단점 또한 가지고 있다. 학교마다 구비되어 있는 전자기기들의 격차가 심한데 디지털 미술 수업은 이 전자기기들의 영향을 크게 받는다. 장인은 도구 탓을 하지 않는다고 하지만 좋은 이양기와 콤바인이 있다면 농사가 쉬워지듯 좋은 기기는 미술 결과물의 차이를 만들어 낸다.

가장 우려되는 부분은 역시 인공지능(AI)이다. 원하는 내용을 프롬프트 창에 글로 채워 넣으면 그림을 그려 주는 드로잉 AI가 등장했다. 그렇다면 '드로잉 AI를 잘 사용하는 능력은 미술 능력이라 할 수 있을까? 국어 능력에 가깝지 않을까?' 하는 의문이 따라온다. 누군가는 인공지능의 도움을 받아 누구나 다양한 작품을 만들 수 있다 말하지만 과연 그 결과물들을 '다양한 작품'이라 인정해 줄 수 있을지 의문이다. 그리고 인공지능이 만들어 놓은 그 결과물은 글을 입력한

나의 소유인가?, 인공지능을 제공하는 업체의 소유인가? 혹은 프롬프트 창 너머 존재하는 인공지능의 것인가? 이러한 의문에 대해 우리는 아직 정체성을 확립하지 못했다. 수많은 에듀테크 박람회와 연수를 다녀 보아도 이러한 의문에 답하는 곳은 없었다. 교사인 우리들은 늦지 않게 답을 찾아 좋은 수업을 할 것이라 믿지만, 무조건적 디지털 매체와 인공지능이 미술 수업에 득이 될 것이라는 태도는 견제할 필요가 있다.

결국 디지털 미술 수업에서 중요한 것은 도구가 아니라 미술 수업 자체라는 사실을 망각해서는 안 된다. 그러기 위해 가장 고려되어야 할 사항은 미술적 성취를 이루기 위해 디지털 매체를 얼마나 효과적으로 적절하게 사용할 것인지에 대한 고찰이다. 단순히 디지털 매체의 사용을 뽐내는 데 그치지 않아야 한다. 디지털은 어디까지나 목표를 달성하는 데 사용되는 도구이지 목표가 되어서는 안 된다. 디지털 역량이 포함된 미술 수업을 설계할 때 이러한 주객전도가 일어나지 않기 위해서는 다음과 같은 사항들을 확인해 보는 것을 추천한다.

① 디지털 매체를 사용하는 것이 효과적인가?

새로 교실에 배치된 태블릿 PC를 바라보고 있으면 욕심이 생긴다. '저 멋진 새 기계로 어떤 미술 수업을 할 수 있을까?'라는 마음이 들지 않을 교사가 없을 것이다. 그렇다고 해서 무작정 그 태블릿 PC를 써 보기 위한 수업을 진행해서는 의미 없는 시간 낭비만 될 뿐이다. 교사가 하려는 미술 수업에 디지털 기기를 적용하는 것이 더 효과적인지를 고민해야 한다. 학생들의 학년도 고민의 범주에 포함해야 한다. 학년이 낮을수록 디지털 매체에 대한 이해도가 낮고 주체적인 활용이 어렵다. 1~2학년의 경우 디지털 미술 수업이 전혀 필요 없을뿐더러 굳이 시도해 보아도 좋은 결과를 얻기 힘들다. 3~4학년의 경우 디지털 매체의 사용이 미술 작품 제작에 드라마틱한 효과를 가져다주진 못한다. 5~6학년 정도가 되면 다양한 디지털 매체를 사용할 수 있지만 교사가 올바르게 지도한다는 전제가 필요하다. 따라서 해당 수업에서 디지털 기기를 사용하는 것보다 도화지에 크레파스로 직접 그리는 것이 더 효과적이라 판단하면 과감하게 태블릿 PC를 포기할 수 있어야 한다.

② 성취 기준에 적합한가?

비단 미술 교과뿐만 아니라 모든 과목에 해당하는 상식적인 이야기이다. 과연 지금 하려는 활동이 미술과 성취 기준에 알맞은지 고민해 봐야 한다. 그저 재미를 위한 것은 아닌지 혹은 성취 기준을 위반하는 것은 아닌지 살피는 것부터가 수업 설계의 시작이다. 적용해 보고 싶은 좋은 미술 수업 아이템을 발견했더라도 해당 학년의 성취 기준과 연결점이 있는지부터 확인해야 한다. 미술이라는 글자가 들어가 있다고 해서 그저 재미있게 시간을 보내서는 안 된다. 엄연히 성취 기준이 존재하고 학교 교실에서 교사의 지도 아래 학생들은 미술을 '학습'해야 하는 교과목이다. 마찬가지로 사용하려는 디지털 매체가 성취 기준을 달성하는 데 적합한지 반드시 고민해 봐야 한다.

③ 내용의 결정권이 학생에게 있는가?

아날로그 미술 수업과 디지털 미술 수업을 막론하고 '내용의 결정권'은 미술 수업에 있어 가장 중요한 개념이다. 그림을 그린다는 것은 개인의 내면에 존재하는 심상을 구체화하는 작업이다. 심상은 한 개인이 살아오며 축적해 온 경험의 산물이자 세상의 이미지들을 이해하려 애써 온 흔적이다. 특히나 어린 학생들은 이미지를 이해하려 애쓰고 낯선 경험을 받아들이며 성장하려 애쓰고 있는 시기이다. 자기 내면에 있는 심상을 도화지 위에 구체화하고 타인의 심상을 엿볼 수 있는 것에 미술 교과가 가진 진정한 가치가 있다. 학생의 심상이 표현되려면 반드시 그림 속 내용은 학생 자신이 결정해야 한다. 그런 맥락에서 도안에 색칠만 하는 컬러링 자료들은 미술 교육적으로 아무런 가치가 없다. 학생이 내용을 결정할 권한이 없기 때문이다. 교사는 작품 제작에 필요한 미적 경험을 제공하고 올바른 표현 과정을 안내하여 학생의 기술적인 한계에 도움은 줄 수는 있지만 절대 내용의 결정권을 침해해서는 안 된다. 미술 수업에 디지털 매체를 사용할 때도 이 점을 고려해야 한다. 디지털 매체가 학생의 단점과 한계를 보완하여 내면의 심상을 표현하는 데 도움을 주는 도구인지, 오히려 내용의 결정권을 침해하는 도구인지를 교사가 판단할 수 있어야 한다.

④ 재료를 대체할 수는 없다

미술 교과에서 달성해야 하는 목표 중 하나는 재료의 '물성'을 경험하고 파악하는 것이다. 학생들은 물감, 종이, 찰흙 등과 같은 미술 재료들을 직접 만지고 경험하면서 재료의 물성을 경험해야만 한다. 만약 디지털 기기를 이용해 이러한 물성들을 대체하려 한다면 큰 오류를 범하게 된다. 디지털 드로잉으로 수채화를 그린 뒤 수채화 수행평가를 하거나 도자기 제작 앱으로 도자기를 만든 뒤 도자기 수행평가를 한다면 매우 큰 오류를 범하는 것이다. 디지털 기기가 아무리 발전해도 도화지 위에 수채 물감을 풀어 붓으로 그려 보는 경험과 그 재료들로부터 느껴지는 물성을 대체할 수는 없다.

지금까지 과도기 단계에서 혼란을 일으킨 교육사상이나 교육공학이 올바르게 교육계에 정착할 수 있었던 것은 교사들의 노력 덕분이었다. 교사들은 혼란 속에서도 정체성을 확립하고 철학을 세워 새로운 내용들을 올바르게 받아들였다.

마찬가지로 이번에도 교사들이 디지털 기술을 적극적으로 활용하면서도 전통적인 미술 교육의 정체성과 철학을 잊지 않아야 한다. 수업의 중심을 교육적 본질에 두고 영리하게 디지털 기술을 이용해야 한다. 디지털의 등장은 미술 수업의 모든 것을 대체할 수 있는 신의 도구가 탄생한 것이 아니다. 수채화, 유화, 판화와 같이 '디지털 미술'이라는 하나의 영역이 새로 추가된 것뿐이다.

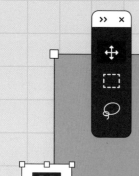

기본편

Chapter

02

2022
개정 교육과정의
미술 영역 살펴보기

2022 개정 교육과정은 2024학년도 1, 2학년 적용을 시작으로 2025학년도에 3, 4학년과 중1, 2026학년도에 5, 6학년과 중2, 2027학년도에는 모든 학년에 순차적으로 적용될 예정이다. 이번 장에서는 개정 교육과정을 '교육과정 구성의 중점'과, '추구하는 인간상과 핵심 역량', '2015 개정 교육과정과 2022 개정 교육과정의 목표 비교', '내용 체계와 성취 기준'을 중심으로 살펴보고자 한다. 차례대로 살펴보면서 이들의 연결 관계를 찾아본다면 교육과정을 더 깊이 이해할 수 있다.

1 교육과정 구성의 중점

- 디지털 전환, 기후·생태환경 변화 등에 따른 미래 사회의 불확실성에 능동적으로 대응할 수 있는 능력과 자신의 삶과 학습을 스스로 이끌어 가는 주도성을 함양한다.
- 학생 개개인의 인격적 성장을 지원하고, 사회 구성원 모두의 행복을 위해 서로 존중하고 배려하며 협력하는 공동체 의식을 함양한다.
- 모든 학생이 학습의 기초인 언어·수리·디지털 기초 소양을 갖출 수 있도록 하여 학교 교육과 평생 학습에서 학습을 지속할 수 있게 한다.
- 교과 교육에서 깊이 있는 학습을 통해 역량을 함양할 수 있도록 교과 간 연계와 통합, 학생의 삶과 연계된 학습, 학습에 대한 성찰 등을 강화한다.
- 다양한 학생 참여형 수업을 활성화하고, 문제 해결 및 사고의 과정을 중시하는 평가를

통해, 학습의 질을 개선한다.

· 교육과정 자율화·분권화를 기반으로 학교, 교사, 학부모, 시도 교육청, 교육부 등 교육
주체들 간의 협조 체제를 구축하여 학습자의 특성과 학교 여건에 적합한 학습이 이루
어질 수 있도록 한다.

② 추구하는 인간상과 핵심 역량

우리나라의 교육은 홍익인간의 이념 아래 모든 국민으로 하여금 인격을 도야
하고, 자주적 생활 능력과 민주시민으로서 필요한 자질을 갖추어 인간다운 삶
을 영위하고, 민주국가의 발전과 인류 공영의 이상을 실현할 수 있도록 함을 목
적으로 한다.

· 전인적 성장을 바탕으로 자아정체성을 확립하고 자신의 진로와 삶을 스스로 개척하는
자기 주도적인 사람
· 폭넓은 기초 능력을 바탕으로 진취적 발상과 도전을 통해 새로운 가치를 창출하는 **창
의적인 사람**
· 문화적 소양과 다원적 가치에 대한 이해를 바탕으로 인류 문화를 향유하고 발전시키
는 **교양 있는 사람**
· 공동체 의식을 바탕으로 다양성을 이해하고 서로 존중하며 세계와 소통하는 민주시민
으로서 배려와 나눔, 협력을 실천하는 **더불어 사는 사람**

③ 2015 개정 교육과정과 2022 개정 교육과정의 목표 비교

	2015 개정 교육과정	2022 개정 교육과정
주요 목표	다양한 미술 활동을 통하여 대상을 감각적으로 인식하고, 느낌과 생각을 창의적으로 표현하며, 미술 작품의 가치를 판단함으로써 삶 속에서 미술 문화를 향유할 수 있는 능력을 기른다.	대상과 현상에 대한 미적 체험을 바탕으로 느낌과 생각을 표현하고 감상하는 활동을 통하여 자신과 세계를 이해하고 **미술 문화 창조에 주도적으로 참여**할 수 있다.
교과 역량 및 세부 목표	**미적 감수성, 시각적 소통 능력** 주변 세계를 미적으로 인식하고 시각적으로 소통하는 능력을 기른다.	**심미적 감성** 대상과 현상을 감각적으로 지각하고 반응하면서 심미적 감성을 기른다.
	창의·융합 능력 자기 주도적인 미술 활동을 통해 창의·융합적으로 사고하고 표현할 수 있는 능력을 기른다.	**창의·융합** 미술 활동을 통해 자신의 느낌과 생각을 창의적으로 표현하며 경험과 사고를 유연하게 통합하고 확장한다.
	미술 문화 이해 능력 미술 작품이 지닌 특징을 이해하고 비평할 수 있는 능력을 기른다.	**시각적 소통** 다양한 매체에 기반한 시각 문화를 비판적으로 이해하고 활용하여 시각적으로 소통한다.
	자기 주도적 미술 학습 능력 미술을 생활화하며 문화의 다원적 가치를 존중하는 태도를 기른다.	**공동체** 미술 문화의 다원적 가치를 존중하며 협력적 의사소통을 통해 공동체의 문화 발전에 참여한다.
		정체성 미술을 매개로 주도적으로 사고하고 행동하며 세계와의 관계에서 자신을 이해한다.

본격적으로 교육과정을 살펴보기에 앞서 살펴본 이론이 있다. 2022 개정 교육과정 미술과에 가장 큰 영향을 준 예술교육 이론은 미국의 교육 철학자 맥신 그린(Maxine Greene, 1917~2014)의 '심미적 교육(Aesthetic education)'이다. 심미(審美)란 사전적 의미로는 '아름다움을 살펴 찾음'이라는 뜻이다. 심미적 교육을 표면적으로 해석하자면 '아름다움을 찾아낼 수 있게 하는 교육'이라 할 수 있는데, 이론의 속 내용을 들여다보면 여기서 아름다움이란 꼭 우리가 생각하는 '미(美)'를 의미하지는 않는다. 오히려 불편함, 부조화, 불공정과 같은 인생과 사회 전반에 팽배한 부정적인 것들일 수 있다. 그런 부정적인 것들까지 마주하게 하는 것이 심미적 교육이다. 맥신 그린은 '예술'이 교육의 중심에 있다고 생각했다. 그러나 예술이 교육의 중심에 있다는 말이 예술 자체가 교육의 목적이 된다는 것을 의미하는 것은 아니다. 예술을 대하는 태도와 예술에서 얻은 심미안을 통해 인생 전반의 폭이 넓어진다는 것을 의미한다. 맥신 그린의 심미적 교육을 요약하자면 예술교육에 '의식적으로 참여'하면서 관점을 개방하게 되고 일상에서의 익숙함을 깨뜨리게 된다. 이는 곧 '깨어있음'의 상태가 되는데 이를 통해 사회적 문제, 공동체 의식, 자기 정체성 등을 민감하게 마주할 수 있다는 것이다. 2022 개정 교육과정의 주요 목표와 세부 목표, 교과 역량, 성취 기준 등에 맥신 그린의 심미적 교육 사상이 녹아 있음을 확인할 수 있다.

본격적으로 교육과정을 살펴보자면 2015 개정 교육과정(이하 2015) 미술과의 목표는 '다양한 미술 활동을 통하여 대상을 감각적으로 인식하고, 느낌과 생각을 창의적으로 표현하며, 미술 작품의 가치를 판단함으로써 삶 속에서 미술 문화를 향유할 수 있는 능력을 기른다.'는 것이었다. 이에 반해 2022 개정 교육과정(이하 2022)에서는 '대상과 현상에 대한 미적 체험을 바탕으로 느낌과 생각을 표현하고 감상하는 활동을 통하여 자신과 세계를 이해하고 미술 문화 창조에 주도적으로 참여할 수 있다.'로 제시되었다. 수동적으로 미술 문화를 이해하는 성격에서 적극적으로 미술 문화 창조에 참여하는 성격으로 바뀐 것이다.

교과 역량과 세부 목표의 변화를 살펴보면 2015에서는 미적 감수성과 시각적 소통 능력을 묶어 하나의 목표로 서술하는 데 반해 2022에서는 분리되어 따로 서술됨과 동시에 미적 감수성이 심미적 감성으로 용어가 바뀌었다. 교과 역량에서도 변화가 있다. 2022에서는 단순히 인식에서 끝나는 것이 아닌 '반응'을 하도록 바뀌었으며 '다양한 매체에 기반한 시각 문화'를 비판적으로 이해하도록 제시했다. 이는 2022 개정 교육과정 구성의 중점 중 '가. 디지털 전환, 기후·생태환경 변화 등에 따른 미래 사회의 불확실성에 능동적으로 대응할 수 있는 능력과 자신의 삶과 학습을 스스로 이끌어 가는 주도성을 함양한다.'와 추구하는 인간상의 '자기 주도적인 사람'과도 연결되어 있다.

창의·융합 역량에서는 경험과 사고의 통합과 확장이 강조되었다. 이는 2022 개정 교육과정 구성의 중점 중 '마. 교과 교육에서 깊이 있는 학습을 통해 역량을 함양할 수 있도록 교과 간 연계와 통합, 학생의 삶과 연계된 학습, 학습에 대한 성찰들을 강화한다.'와 추구하는 인간상의 '창의적인 사람'과도 연결되어 있다.

자기 주도적 미술 학습 능력은 사라지고 공동체 역량과 정체성 역량이 신설되었다. 특히나 '공동체의 문화 발전에 참여한다.'와 '세계와의 관계에서 자신을 이해한다.'라는 부분을 눈여겨볼 만하다. 이는 2022 개정 교육과정 구성의 중점 중 '나. 학생 개개인의 인격적 성장을 지원하고, 사회 구성원 모두의 행복을 위해 서로 존중하고 배려하며 협력하는 공동체 의식을 함양한다.'와 추구하는 인간상의 '교양 있는 사람'과 '더불어 사는 사람'과도 연결되어 있다.

④ 내용 체계와 성취 기준

성취 기준에 제시된 모든 해설 내용을 다룰 수는 없기에 특징적인 부분만 정리하여 소개한다. 교육과정의 깊은 이해를 위해서는 성취 기준 원문을 참고하길 바란다.

1 체험 영역

❶ 내용 체계

핵심 아이디어	· 미적 체험은 감각을 깨워 미적 감수성을 풍부하게 하며 미적 가치를 발견하도록 한다. · 대상과 현상을 관찰하고 지각하는 경험은 앎을 확장하고 자신을 성찰하게 한다. · 이미지에 대한 비판적 이해는 시각적 소통과 문화적 참여의 토대가 된다.	
범주 ＼ 구분	내용 요소	
	3~4학년	5~6학년
지식·이해	· 자신의 감각 · 대상의 특징 · 생활 속 미술	· 감각과 매체의 역할 · 자신과 환경의 관계 · 이미지와 의미
과정·기능	· 감각을 활용하여 탐색하기 · 대상에 반응하여 느낌과 생각을 나타내기 · 미술의 특징과 역할을 발견하기	· 감각과 매체를 활용하여 탐색하기 · 대상과 상호작용을 하며 의미 발견하기 · 이미지를 해석하고 활용하기
가치·태도	· 미적 탐색에 대한 호기심 · 미술의 역할에 관한 관심	· 주변 환경에 대한 민감성 · 비판적으로 이해하는 태도

❷ 성취 기준

3~4학년

· 자연물과 인공물을 탐색하는 데 다양한 감각을 활용할 수 있다.

· 주변 대상을 체험하며 떠오른 느낌과 생각을 다양한 방법으로 나타낼 수 있다.

· 미적 탐색에 호기심을 갖고 참여하며 자신의 감각으로 대상의 특징을 이해할 수 있다.

· 생활 속에서 활용되는 미술에 관심을 가지고 미술의 특징과 역할을 발견할 수 있다.

5~6학년

· 다양한 감각과 매체를 활용하여 자신과 대상을 탐색할 수 있다.

· 자신이나 주변 환경에서 찾은 감각적 특징, 느낌, 생각 등을 관련지어 나타낼 수 있다.

· 주변 환경에 대한 민감한 태도로 대상과 상호작용하며 새로운 의미를 발견할 수 있다.

· 이미지가 나타내는 의미를 비판적으로 이해하고 느낌과 생각을 전달하는 데 활용할 수 있다.

3, 4학년에서는 감각을 사용하여 대상을 탐색한다. 여기에 매체를 더해 5, 6학년에서는 대상과 함께 자신까지 탐색하도록 한다. 자신의 탐색은 외향적, 내향적 면들을 민감하게 탐색하여 자신의 정체성을 탐구할 수 있도록 제시하고 있다. 3, 4학년에서는 대부분 자신의 감각을 사용하고 미술 세계에 관심을 가지는 것이 목표라면 5, 6학년에서는 감각으로 느낀 것들과 자신을 연결 짓고 대상으로부터 상호작용을 하며 느낀 것들을 비판적으로 이해·활용하는 것이 목표이다.

2 표현 영역
1 내용 체계

핵심 아이디어	· 표현은 자신의 느낌과 생각을 시각화하는 창의적 사고와 성찰의 순환 과정으로 이루어진다. · 다양한 발상은 아이디어와 주제를 발전시키고 표현의 토대가 된다. · 작품 제작은 표현 재료와 방법, 조형 요소와 원리 등을 선택하고 활용하여 창의적으로 문제를 해결하는 과정을 통해 예술적 성취를 경험하게 한다.	
구분 범주	내용 요소	
	3~4학년	5~6학년
지식·이해	· 표현 주제 · 기본적인 표현 재료와 용구 · 조형 요소의 특징	· 표현 주제와 발상 · 표현 재료와 용구, 디지털 매체 · 조형 요소와 원리의 관계
과정·기능	· 관찰과 상상으로 아이디어를 떠올리기 · 표현 방법을 익히기 · 의도를 가지고 작품을 제작하기 · 타 교과와 관련짓기	· 다양한 방법으로 아이디어를 연결하기 · 표현 방법을 탐색하여 활용하기 · 과정을 돌아보며 작품을 발전시키기 · 타 교과와 융합하기
가치·태도	· 표현에 대한 흥미 · 자기 작품을 소중히 여기는 태도	· 주제 표현의 의지 · 자유롭게 시도하는 태도

3~4학년

· 관찰과 상상으로 아이디어를 떠올려 표현 주제를 구체화할 수 있다.

· 기본적인 표현 재료와 용구의 특성을 이해하고 사용 방법을 익힐 수 있다.

· 조형 요소의 특징을 자유롭게 탐색하며 주제 표현에 알맞게 활용할 수 있다.

· 표현 의도를 가지고 작품을 제작하며 자기 작품을 소중히 여길 수 있다.

· 미술과 타 교과를 관련지어 주제를 표현하는 데 흥미를 가질 수 있다.

5~6학년

· 다양한 방법으로 아이디어를 연결하여 확장된 표현 주제로 발전시킬 수 있다.

· 디지털 매체 등 다양한 표현 재료와 용구를 탐색하여 작품 제작에 활용할 수 있다.

· 조형 요소의 어울림을 통해 조형 원리를 이해하고 주제 표현에 연결할 수 있다.

· 주제 표현에 의지를 갖고 표현 과정을 돌아보며 작품을 발전시킬 수 있다.

· 미술과 타 교과의 내용과 방법을 융합하는 활동을 자유롭게 시도할 수 있다.

전체적으로 3, 4학년에서는 표현에 필요한 관찰, 상상, 조형 요소, 재료와 용구 상용법 등을 이해하고 의도를 가지고 표현에 접근한다. 이를 토대로 5, 6학년에서는 탐색을 통해 사고를 확장하고 융합하는 등의 심화한 목표를 제시하고 있다. 또한 디지털 매체를 표현 재료와 용구로 제시하여 작품 제작에 활용하도록 제시하고 있다.

3 감상 영역

▥ 내용 체계

핵심 아이디어	・감상은 다양한 삶과 문화가 반영된 미술과의 만남으로 자신과 공동체의 문화를 이해하게 한다. ・작품의 내용과 형식에 관한 맥락적 이해와 비평은 미적 판단 능력을 높인다. ・감상은 서로 다른 관점을 이해하여 삶에서 미술 문화의 다원적 가치를 존중하도록 한다.	
구분 범주	내용 요소	
	3~4학년	5~6학년
지식·이해	・미술 작품과 미술가 ・미술 작품의 특징 ・미술 전시	・미술 작품의 배경 ・미술 작품의 내용과 형식 ・공동체의 미술 문화
과정·기능	・자세히 보고 질문하기 ・미술 작품에 관한 느낌과 생각을 설명하기 ・미술 전시 및 행사에 참여하기	・작품과 배경을 연결하기 ・다양한 방법으로 분석하기 ・미술 문화 활동을 경험하고 공유하기
가치·태도	・자신의 감상 관점 존중 ・미술 문화에 관한 관심	・서로 다른 관점의 존중 ・공동체 문화에 참여

▤ 성취 기준

3~4학년

・미술 작품을 자세히 보고 작품과 미술가에 관해 질문할 수 있다.

・미술 작품의 특징과 작품에 관한 자신의 느낌과 생각을 설명할 수 있다.

・미술 문화에 관심을 가지고 전시 및 행사에 참여할 수 있다.

・작품 감상에 흥미를 가지고 참여하며 작품에 대한 자신의 감상 관점을 존중할 수 있다.

5~6학년

・미술 작품을 작품이 만들어진 시대적, 지역적 배경 등과 연결하여 이해할 수 있다.

・미술 작품의 내용(소재, 주제)과 형식(재료와 용구, 표현 방법, 조형 요소와 원리) 등을 분석하여 작품의 특징을 설명할 수 있다.

· 공동체의 미술 문화 활동에 관심을 가지고 참여하며 경험을 공유할 수 있다.
· 다양한 방법을 활용하여 작품을 감상하며 작품에 관한 서로 다른 관점을 존중할 수 있다.

　미술 감상 수업에 있어 3, 4학년에서는 작품과 미술가를 알아보고 5, 6학년에서 작품과 당시 시대상을 연결한다는 것은 주의할 필요가 있다. 학년에 맞도록 감상 수업의 내용과 범위를 설정해야 한다. 전체적으로는 3, 4학년은 흥미와 관심을 가지고 자신의 감상 관점을 가지게 되는 것에 목표가 있다면 이를 바탕으로 5, 6학년은 작품을 분석하고 타인의 관점을 존중하도록 제시하고 있다. 3, 4학년과 5, 6학년 모두 작품 전시와 행사 등의 미술 문화 활동에 참여하도록 제시하고 있다는 점도 눈여겨볼 만하다.

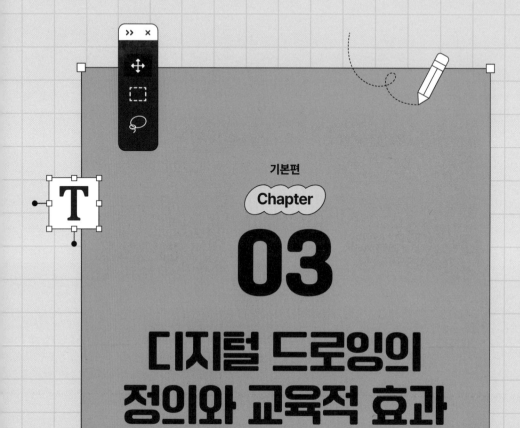

디지털 드로잉의 정의와 교육적 효과

① 디지털드로잉이란?

　디지털드로잉이란 컴퓨터나 태블릿 등의 디지털 기기를 이용하여 이미지를 그리는 기술을 뜻한다. 교육 현장에서 디지털드로잉 기술을 활용하면 우리는 시간과 장소에 상관없이 언제 어디서든 그림을 그리고 수정할 수 있으며, 완성된 이미지 파일을 다양한 방식으로 공유하고 수업에 활용할 수 있다.

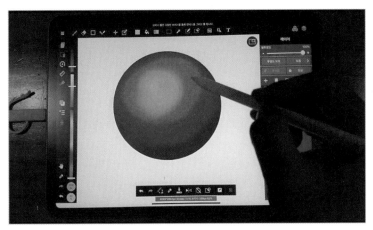

디지털드로잉 장면

② 디지털드로잉의 장점

1 표현의 용이성
　디지털드로잉을 이용하면 시간과 장소, 재료에 구애받지 않고 원하는 그림을 그릴 수 있다는 장점이 있다. 패드나 스마트폰 등의 디지털 기기만 있으면 언제, 어디서든 그림을 그리다 저장할 수 있고 원하는 시간에 다시 이어서 그림을 그릴 수 있어 편리하다. 디지털드로잉 프로그램(앱)은 다양한 브러시나 색상, 배경효과들을 지원하기 때문에 작품을 그리기 위해 수많은 재료를 준비할 필요가 없다. 패드나 스마트폰 등의 기기 하나만 있으면 수채화, 서예, 포스터 등 다양한 방식의 작품을 쉽게 표현할 수 있으며 취소, 재실행 등의 기능을 활용해 손쉽게 그림을 수정하거나 그림 전체를 복제해서 새로운 작품을 창작할 수 있다.

2 폭넓은 활용 가능성

디지털드로잉으로 제작한 그림은 활용 범위가 넓다. 그림을 프린트로 출력해서 다양한 방식으로 학습에 이용할 수 있고 그림 파일 자체를 온라인 공간에 공유해서 수업에 활용할 수도 있다. 또한 직접 제작한 일러스트 작품 파일을 이용해서 컵이나 티셔츠, 스티커, 메모장 등의 굿즈를 손쉽게 제작할 수 있으며 파일을 저장하고 계속 수정하며 사용할 수 있다. 그림 파일로 캐릭터를 그리고, 영상앱을 이용해 애니메이션 영상 만들기 등 의도에 따라 학습에 다양한 방식으로 활용할 수 있다는 장점이 있다.

3 공유의 용이성

일반적으로 학교에서 그린 그림은 시간이 지남에 따라 색이 바래거나 종이가 훼손될 수 있다. 하지만 디지털드로잉으로 제작한 그림 파일은 공유 드라이브 등에 쉽게 저장하고 계속 사용할 수 있다는 장점이 있다. 작품을 완성한 후에는 다른 사람들과 쉽게 공유할 수 있으며 협동해서 작품을 제작할 수도 있다. 또한 작품을 언제든 수정할 수 있으며 작품 자체를 복제하여 새로운 창작물을 제작할 수 있다.

③ 디지털드로잉 활용 방법

1 수업 활용

디지털드로잉을 이용해 그림을 그리고 이를 수업에 다양하게 활용할 수 있다. 관찰 결과를 그려서 친구들과 빠르게 공유할 수 있고 그린 그림 파일을 출력해서 수업 시간에 활용할 수도 있다. 많은 준비물이 필요하지 않고 패드나 스마트폰 등의 기기만 있으면 언제 어디서나 수업에 이용할 자료를 제작하고 이용할 수 있다.

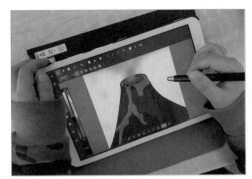

화산의 특징 표현하기

그림 파일 출력해서 활용하기

2 다양한 굿즈 제작

디지털드로잉으로 그린 그림 파일을 이용해서 다양한 굿즈를 제작할 수 있다. 간단하게는 라벨지로 그림을 출력해서 이름표나 스티커 등을 제작할 수 있고, 전사지를 이용해 컵이나 프린팅 티셔츠도 만들 수도 있다. 인쇄 사이트를 이용해서 메모장, 우산, 핸드폰 케이스 등 다양한 형태의 굿즈를 제작할 수도 있다.

3 디지털드로잉을 활용한 굿즈 제작 예시

▲ 그림 파일을 이용해 프린팅 티셔츠 만들기

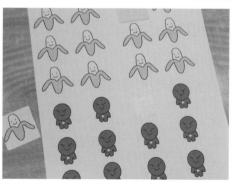
▲ 그림 파일로 스티커 만들기

▲ 협동화로 반티 만들기

▲ 캐릭터 컵 만들기

▲ 그림 액자 만들기

▲ 핸드폰 배경 만들기

4 웹툰 등 작품 제작 및 공유

　디지털드로잉을 이용해서 웹툰이나 각종 일러스트 등의 작품을 창작하고 여러 사람들과 공유하고 소통할 수 있다. 자기 생각을 다양한 방식으로 표현하고 언제든 나눌 수 있기에 디지털드로잉은 학생들로 하여금 콘텐츠 소비자에서 생산자로 변모하는 데 도움을 준다.

▲ 웹툰 그리기

▲ 글 쓰기 및 삽화 그리기

5 환경 정리

　디지털드로잉을 이용해 교실 환경을 창의적으로 꾸밀 수 있다. 학생들이 그린 그림 파일을 이용해서 우리 반의 개성이 드러나는 시간표, 이름표, 스티커 등을 제작할 수 있으며 계절이나 학급 행사에 어울리는 가랜드, 안내판 등을 만들어 교실 분위기를 바꿔 볼 수 있다. 또한 학습 주제와 관련된 작품을 이용해 프로젝트 수업 분위기도 연출할 수 있다.

▲ 시간표,이름표 등 제작하기

▲ 만든 가랜드로 교실 꾸미기

6 다양한 이미지 창작

디지털드로잉을 이용해서 다양한 이미지를 편집할 수도 있다. 친구들과 사진을 찍고 디지털드로잉 프로그램을 활용해서 배경을 합성할 수도 있고 자신이 생각하는 디자인으로 각종 로고나 레터링 작품을 제작할 수도 있다.

배경 합성하기

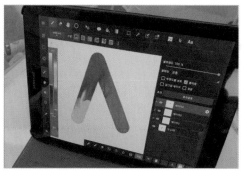
로고 및 레터링 작품 만들기

7 디지털드로잉 교과 과목별 활용 사례

사례 1 **과학**

▲ 태양과 행성 특징 살려서 그리기

▲ 그림 파일을 출력해서 교실 꾸미기

사례 2 **수학**

▲ 다각형의 특징 살려서 포장지 그리기

▲ 대칭, 이동 효과를 이용해서 도형 그리기

사례 3 **사회**

▲ 고려청자의 특징을 살려 그리기

▲ 배경 편집해서 세계 문화 탐방하기

사례 4 미술

▲ 만다라 무늬 만들기

▲ 만다라 무늬 만들기

사례 5 국어

▲ 내가 쓴 글로 핸드폰 배경 만들기

▲ 나만의 그림책 만들기

사례 6 창체: 상상화, 캐릭터 그리기

▲ 지구의 날 포스터 그리기

▲ 캐릭터 그리고 감정 공유하기

④ 디지털드로잉 앱 선택 및 기능 연습 방법

1 교육 현장에 이용할 수 있는 디지털드로잉 프로그램(앱)

디지털드로잉을 하기 위해선 패드나 스마트폰 등의 전자기기가 필요하다. 또한 '터치펜'이 있으면 전자기기에 그림을 쉽게 그릴 수 있다. 패드나 스마트폰 등의 기기에 디지털드로잉 프로그램인, 앱(애플리케이션)을 설치하고 터치펜으로 그림을 그리면 되는데, 프로그램마다 특징이 다르고 사용 방법도 달라서 목적에 맞는 프로그램을 선택할 필요가 있다.

일반적으로 교육 현장에서 사용하기 용이한 프로그램으로는 '메디방페인트'(Medibang Paint)와 '프로크리에이트'(Procreate) 두 가지를 꼽을 수 있는데, 두 프로그램은 서로 다른 특징을 갖고 있으니 교육 현장에 적합한 프로그램을 선택해서 사용하면 된다.

메디방페인트는 현재 기준으로 무료로 설치가 가능하며 스마트폰이나 패드 등에 다운로드해서 사용할 수 있다. iOS, 안드로이드 기기에 모두 지원되어서 아이패드, 삼성패드, 스마트폰 등 대부분의 전자기기로 사용할 수 있다는 장점이 있다. 또한 앱에 드라이브 저장 기능이 있어서 제작 중인 그림 파일을 드라이브에 저장해 놓은 뒤 다른 기기에서도 수정해서 사용할 수 있다. 무료 앱이기 때문에 가끔 광고가 뜬다는 단점이 있지만 학급에서 사용하는 데 있어서 큰 지장은 없다.

메디방페인트 앱

프로크리에이트는 iOS 기반의 프로그램이기에 '아이패드'에서만 사용할 수 있다. 또한 유료 프로그램인데 최초 한 번만 결제를 한 뒤 계속 사용할 수 있다. 브러시의 종류가 더 다양하고 펜의 필압을 섬세하게 감지해서 다양한 효과를 쉽게 표현할 수 있다는 장점도 있다.

프로크리에이트 앱

2 디지털드로잉 기능 연습 방법

디지털드로잉을 하기 위해선 우선 패드나 스마트폰에 디지털드로잉 앱을 선택해서 설치해야 한다. 그리고 프로그램 기능 연습 방법과 관련된 영상을 시청하며 디지털드로잉 연습을 하면 된다. 유튜브 등에서 관련 교육 영상을 찾아 시청하며 기초 기능을 연습하면 자신이 그리고 싶은 작품을 창작할 수 있게 된다. 동아리 시간, 미술 시간 또는 창의 체험 시간 등을 이용해 학생들이 디지털드로잉을 배워서 다양하게 활용할 수 있다.

대구미래교육원
유튜브 참고

3 디지털드로잉을 활용한 미래 교육

학생들은 대부분 자기 생각을 표현하고자 하는 창작의 욕구가 있다고 생각한다. 학생들이 디지털드로잉의 장점을 이용한다면 생각을 자유롭게 그림으로 표현할 수 있고 많은 사람들과 공유할 수 있을 것이다. 또한 콘텐츠가 범람하는 세상 속 단순히 시각 매체를 소비하는 소비자에 머무는 것이 아니라 반짝이는 생각을 자신만의 방식으로 표현하고 다양한 콘텐츠를 제작할 수 있는 능동적 생산자로 변모할 수 있을 것이다. 디지털드로잉이라는 에듀테크 도구가 미래의 주역이 될 학생들에게 '창작'과 '소통'의 즐거움을 일깨워 주기를 기대해 본다.

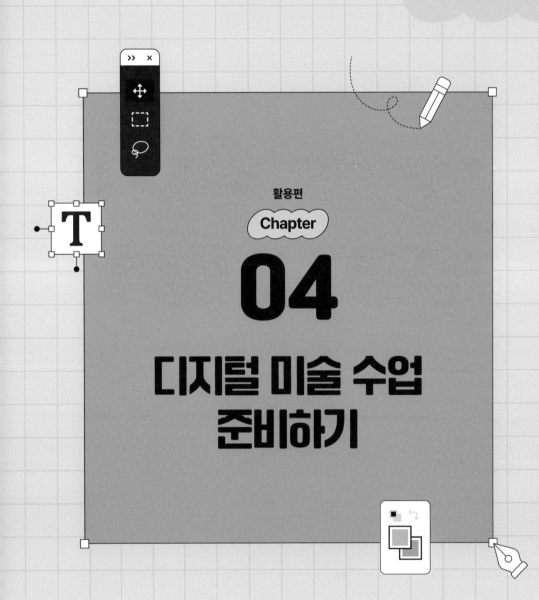

활용편

Chapter

04

디지털 미술 수업
준비하기

디지털 미술 수업을 진행하기 위해서는 당연하게도 디지털 기기가 충분히 확충되어 있어야 한다. 이 책에서 소개하고 있는 디지털 미술 수업을 진행하기 위해 준비되어야 하는 디지털 기기들과 준비 사항들을 소개하고자 한다.

① 디지털 미술 수업을 위해 준비할 것들

1 컴퓨터

대부분의 학교에는 컴퓨터실에 학생용 컴퓨터가 준비되어 있다. 학생용 노트북이 충분히 준비되어 인당 1대의 노트북을 사용할 수 있다면 가장 이상적인 환경이다. 하지만 컴퓨터실로 이동하여 진행하더라도 충분히 수업이 가능하다.

대부분의 학교 컴퓨터실에는 컴퓨터를 재부팅할 경우 새로 설치된 프로그램과 파일이 모두 삭제되고 관리자가 설정해 놓은 컴퓨터 상태로 되돌리는 장치가 설치되어 있다. 반복적으로 사용하는 프로그램을 설치할 경우에는 정보실무원이나 유지보수업체의 도움을 받아 해당 프로그램이 지워지지 않게 설정해야 한다.

2 태블릿 PC

디지털 미술 수업에서 가장 많이 쓰이며 중요한 기능을 하는 것이 태블릿 PC이다. 안드로이드 기반의 중저가형 태블릿이긴 해도 대부분 학교에 학생당 1대의 태블릿 PC가 보급되어 있을 것이다. 애플사의 아이패드가 미술 수업에 가장 적합하긴 하지만 결코 저렴한 기기가 아니기에 학교 현장에서 구비해 두기에는 어려움이 있다. 중저가형 태블릿 PC로도 디지털 미술 수업을 충분히 할 수 있다. 태블릿이 준비됐다면 해당 태블릿 PC 전용 스마트펜과 키보드도 확보하는 것이 좋다. 디지털드로잉을 하거나 메타버스 공간에서의 다양한 활동을 위해 꼭 필요한 도구들이다. 태블릿 PC는 처음 학교로 배송되었을 때 스마트펜과 키보드가 포함되어 있을 가능성이 높다. 다만 전산실에서 분실을 줄이기 위해 따로 보관할 수 있으므로 전산실에 문의하여 스마트펜과 키보드를 챙겨 두도록 하자.

3 교내 와이파이망

이제는 거의 모든 학교가 교내 와이파이망 구축이 완료되었기 때문에 크게 서술할 내용은 없다. 다만 주의할 것은 교내 와이파이망이 시원찮거나 구축되어 있지 않다고 하여 무선랜카드를 교실에 설치해 사용해서는 절대 안 된다. 컴퓨터 본체에 꽂아 와이파이 기능을 하는 랜카드를 설치하거나 무선공유기를 교실 랜선에 연결하여 사용하는 것은 교육부 정보보안 지침을 위반하는 사항이다. 게다가 이렇게 연결된 기기들은 교육청 모니터링 시스템에서 찾아낼 수 있으니 불필요한 오해와 처벌을 피하기 위해서라도 꼭 주의하자.

4 스캐너

이 책에서는 도화지에 제작한 작품을 디지털 매체를 통해 수정하거나 채색하는 등의 활동을 소개한다. 따라서 학생들의 작품을 디지털 이미지로 바꿀 수 있는 스캐너가 필요하다. 대부분의 학교는 연구실이나 전산실에 복합기의 형태로 스캐너를 구비해 두고 있다. 스캐너의 크기는 A3용지까지 스캔이 가능한 기기를 추천한다. 초등학생들이 주로 쓰는 8절지의 경우 A3용지보다 약간 작기 때문이다.

학교에 스캐너가 구비되어 있지 않다면 스마트폰을 이용해서 작품 이미지를 만들 수 있다. 사진을 찍어 포토스케이프와 같은 편집툴에서 보정하여 작품 이미지를 생성하는 것도 좋은 방법이다. 그런데 일반 카메라 앱으로 작품을 촬영할 경우 수평이 맞지 않거나 조명에 따라 그림자가 생기는 등의 불편한 점들이 있다. 구글 포토에서 제공하는 '포토스캐너'를 사용하면 그림자나 빛 번짐이 생기지 않은 결과물을 얻을 수 있다.

일반 스마트폰 촬영

포토스캐너 사용

5 구글 학교 아이디

이 책에서 소개하고 사용하는 프로그램과 온라인 서비스들은 대부분 계정을 생성해야 한다. 학생들의 경우 만 14세 미만이라 매번 계정을 생성하기가 쉽지 않다. 학교 구글 관리 계정을 통해 학생 구글 계정을 생성한 뒤 해당 구글 계정으로 각 프로그램과 온라인 서비스의 계정을 생성하는 것을 추천한다. 아이디와 비밀번호를 교사가 관리할 수 있어 학생이 아이디와 비밀번호를 잊어버리거나 변경하더라도 교사가 쉽게 되돌릴 수 있다.

Tip \ 구글 학생 계정 생성하기

구글 학교 관리자 계정은 전산실이나 전산 실무원에게 문의하면 받을 수 있다. 시도교육청 단위에서 교육 계정을 발급받은 뒤 관할 학교에 계정을 안내하기 때문에 전국의 모든 학교가 구글 학교 관리자 계정을 가지고 있다.

1 학교 관리자 계정으로 로그인한 뒤 오른쪽 상단의 ▦를 클릭한다.

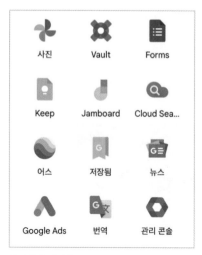

관리 콘솔 아이콘

2 스크롤을 내려 '관리 콘솔'을 선택한다.

3 관리 콘솔 화면으로 접속했다면 '사용자 추가'를 클릭한다. 아이디를 발급하려는 학
생의 성과 이름을 입력한다. '기본 이메일'에 입력하는 문자가 구글 아이디가 된다. '조
직 단위'를 클릭하여 시도교육청이 아닌 학교 조직을 선택한다. 비밀번호는 자동 생성
하기보다는 모든 학생의 비밀번호를 일괄적으로 생성한 뒤 학생이 처음 로그인할 때 변
경하는 것을 추천한다.

관리 콘솔 화면

사용자 추가 화면

4 이미 발급한 학생 계정의 비밀번호를 찾거나 정보를 변경하려 하는 경우 관리 콘솔 화면에서 '관리'를 클릭한다. 학교에서 발급한 계정들의 목록이 나오게 되는데 이중 비밀번호나 정보를 수정하려는 계정을 클릭하여 수정할 수 있다.

계정 관리 화면

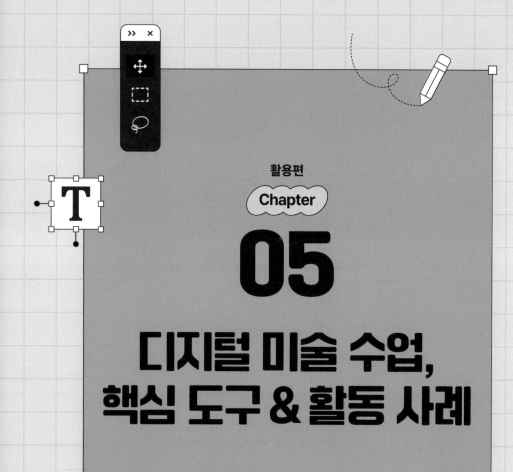

활용편

Chapter

05

디지털 미술 수업,
핵심 도구 & 활동 사례

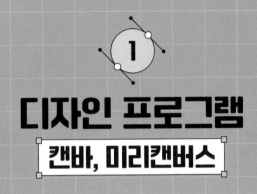

디자인 프로그램
캔바, 미리캔버스

01 캔바 둘러보기

◆ **프로그램 특징** : 캔바는 호주 스타트업 디자인 소프트웨어 회사 Canva에서 제공하는 디자인 서비스로 디자이너가 아닌 사람들도 캔바를 이용해서 누구나 손쉽게 각종 그림, 사진, 동영상 등의 콘텐츠를 편집할 수 있다.

◆ **프로그램 사용 환경** : 무료 가능 및 유료 결제 프로 버전, PC 웹사이트 접속을 통해 사용 가능함. 스마트폰이나 태블릿 앱 지원(Android, iOS 모두 지원)

◆ **프로그램 링크** : www.canva.com

캔바의 장점은 다음과 같다. 첫째, 다양한 디자인 포맷을 제공해서 활용도가 매우 높다. 각종 SNS, 포스터, 프레젠테이션, 동영상, 메뉴판, 명함, 로고 등 다양한 디자인 포맷을 제공하고 있어 사용자가 쉽게 활용할 수 있다. 또한 캔바 디자이너들이 계속 다양한 디자인을 업데이트하고 있어 초보자들도 트렌디한 디자인을 활용할 수도 있다.

둘째, 사용하는 데 있어서 호환성이 뛰어나다. PC로 캔바 사이트에 접속에서 쉽게 사용할 수도 있고 Android, iOS 기반의 앱도 제공해서 다양한 기기에서 편리하게 이용할 수 있다. 구글 계정이나 이메일, 페이스북 계정 등을 통해 쉽게 접속할 수 있다.

셋째, 교육 계정에 대해 프로 기능을 무료로 제공한다는 장점도 있다. 비슷한 그래픽 툴인 미리캔버스는 교육용 계정에 대해 할인된 가격으로만 서비스를 제공하고 있지만 캔바는 교육용 계정에 프로 기능을 무료로 제공하고 있어서 교육 현장에서 편리하게 이용할 수 있다.

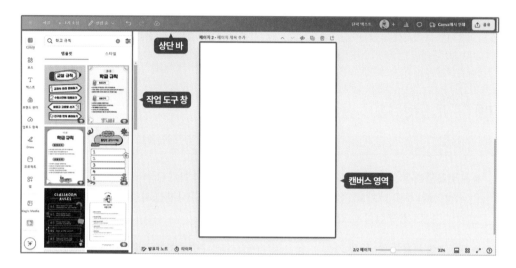

① 처음 시작화면(로그인, 가입)

1 캔바 홈페이지 접속 후 오른쪽 상단의 [로그인] 버튼을 클릭한다. 가입 버튼을 눌러서 가입해도 되지만 간편하게 본인의 이메일이나 구글 계정, 페이스북 계정, 애플 계정 등을 입력하고 캔바 계정을 생성할 수 있다.

(※ 캔바 상시 업데이트에 따라 화면이 뜨지 않을 수도 있음.)

2 대기업, 교사, 개인, 학생, 자선단체, 중소기업 중 자신의 사용 용도를 생각해서 버튼을 클릭하면 캔바에서 적합한 디자인 템플릿을 추천해 준다. 교사라면 '선생님', 학생이라면 '학생' 버튼을 누르면 최적화된 템플릿들을 활용할 수 있다.

(※ 캔바 상시 업데이트에 따라 화면이 뜨지 않을 수도 있음.)

3 캔바는 현재 기준(2024년) 교육용 계정에 프로 기능을 무료로 제공하고 있어 교육 현장에서 편리하게 이용할 수 있다. 교사라면 교육용 계정 인증을 받으면 된다. 재직증명서 발급 후 [오른쪽 상단 프로필]-[계획 및 가격]-[교육]-[교사들: 검증 받기]에 들어가서 인증하면 된다.

② 다양한 디자인 템플릿

캔바에서 다양한 디자인 템플릿을 선택하는 방법은 세 가지가 있다. ❶홈페이지 메인 홈 버튼, ❷좌측 상단 디자인 만들기 버튼, ❸좌측 템플릿 버튼이 있는데, 자신에게 맞는 편리한 방법을 선택해서 이용하면 된다.

(※ 캔바 상시 UI 업데이트 및 사용하는 기기 종류에 따라 위치가 조금 다를 수 있음.)

1 홈페이지 메인 홈 화면 버튼

PC화면이나 앱 홈 화면 가운데 나오는 다양한 디자인 유형을 바로 선택할 수 있다.

2 홈페이지 좌측 상단 디자인 만들기 버튼

좌측 상단의 [디자인 만들기]를 누르면 아래에 다양한 디자인 유형이 나온다.

3 홈페이지 좌측 템플릿 버튼

홈페이지 좌측에 있는 템플릿 버튼을 누르면 다양한 용도(프레젠테이션, 소셜 미디어, 동영상)와 주제(가을, 여행, 크리스마스, 심플, 학교, 책, 역사 등)의 템플릿을 선택할 수 있다.

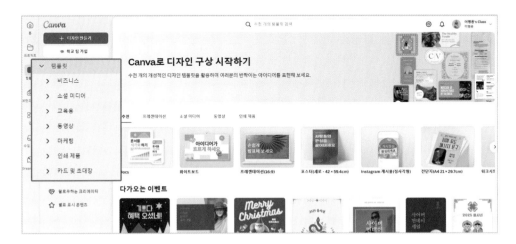

③ 홈 화면 구성과 기능(좌측 세로 메뉴)

❶ **홈** : 메인 페이지 홈으로 이동한다.

❷ **프로젝트** : 자신이 작업한 디자인 파일과 직접 업로드한 파일 등을 볼 수 있다.

❸ **템플릿** : 다양한 디자인 템플릿을 선택할 수 있다.

❹ **브랜드 센터** : 일관성 있는 디자인 제작을 위해 요소, 자료 등의 설정을 제어할 수 있다.(Pro 버전 지원)

❺ **앱** : 캔바와 연동되는 앱들을 선택해서 작업에 바로 활용할 수 있다.

❻ **수업 과제** : 캔바에서 활동과 과제를 만들고, 할당 및 채점 가능하다.

❼ **Dream Lab** : AI를 활용한 이미지 생성 및 확장 기능 등으로 이미지 제작이 가능하다.

④ 작업 화면 구성과 기능

※ 홈 화면의 ➕ 디자인 만들기 를 누르거나 [프로젝트], [템플릿] 메뉴를 통해 템플릿을 선택하면 만나게 되는 디자인 작업 화면입니다.

1 상단 가로 메뉴

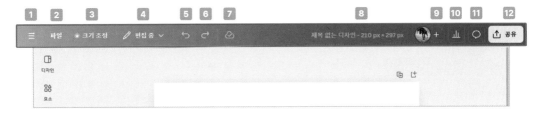

▫ **메뉴 열기** : 캔바 상위 메뉴를 연다.

▫ **파일** : 새로운 디자인 만들기, 파일 업로드, 다운로드, 텍스트 찾기 및 바꾸기 등의 활용이 가능하다.

▫ **크기 조정** : 작업하는 디자인은 유지하면서 사이즈 변경, 디자인 번역, 디자인을 문서로 자동 변환 가능하다.(Pro 버전 지원)

▫ **편집** : 편집, 댓글, 보기 모드 선택이 가능하다.

▫ **되돌리기** ↩ : 작업을 취소한다.

▫ **재실행** ↪ : 작업을 재실행한다.

▫ **구름 모양 버튼** ☁ : 자동 저장되었는지 확인할 수 있다.(캔바는 자동 저장을 지원하지만 구름 모양 버튼을 누르면 더욱 확실하게 저장할 수 있다.)

▫ **단락 텍스트(제목 없는 디자인)** : 파일 이름 설정이 가능하다.

▫ **+** : 복사해서 디자인 공유하면 다른 사람도 편집이 가능하다.

▫ **그래프** : 자신이 제작한 디자인 이용 및 공유 조회수 분석이 가능하다.

▫ **댓글** : 댓글 달기가 가능하다.

▫ **공유** : 다운로드, 인쇄, 공유 등이 가능하다.

2 좌측 세로 메뉴

① 디자인 : 검색창에 키워드를 작성하면 관련된 다양한 디자인 템플릿이 추천된다.

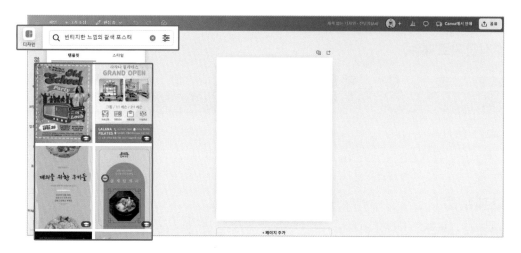

② 요소 : 검색창에 키워드를 작성하면 해당 사진, 그래픽, 차트, 동영상, 오디오 등을 찾아줘서 바로 디자인에 이용할 수 있다.

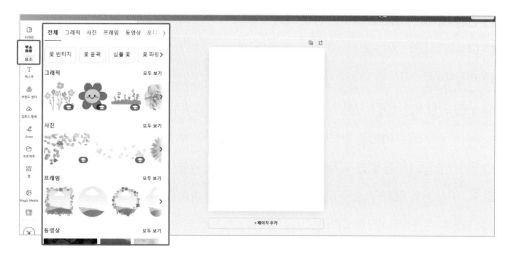

③ 텍스트 : 텍스트를 입력할 수 있고, 폰트 및 크기 등을 수정할 수 있다.

④ 업로드 항목 : 이미지, 비디오, 오디오를 업로드하거나 연결할 수 있다.

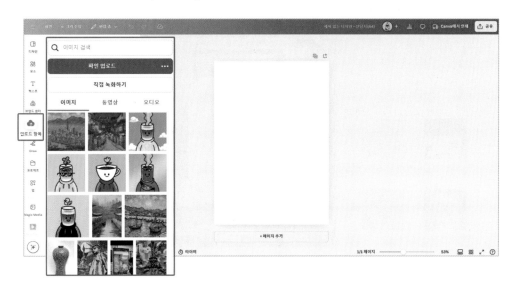

5 Draw(그리기) : 화면에 다양한 그림이나 선을 그릴 수 있다.

6 프로젝트 : 작업 중인 디자인이나 업로드한 이미지 확인이 가능하다.

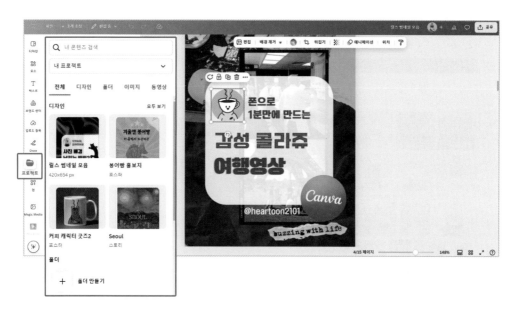

7 앱 : 캔바와 연동되는 앱들을 검색 및 선택해서 작업에 바로 활용할 수 있다.

5 캔버스 구성과 기능

1 자물쇠 🔒 : 편집이 안 되게 잠금, 잠금 해지를 할 수 있다.

2 붙여 넣기 🗐 : 해당 화면을 복사해서 다음 화면에 붙여 넣는다.

3 새 창 추가 ↥ : 다음 화면에 새로운 캔버스를 추가한다.

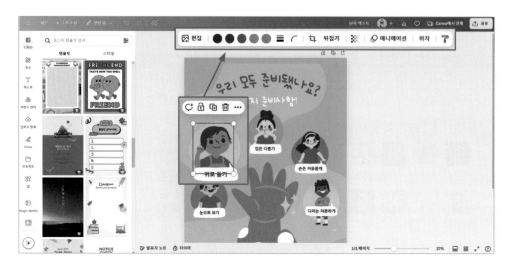

④ 그림 선택 : 캔버스의 그림 객체를 누르면 그림의 색상이나 크기 등을 편집할 수 있다.
애니메이션 효과를 넣거나 불투명도를 조절할 수도 있다.

⑤ 글자 선택 : 캔버스의 글자를 누르면 글씨체나 글씨 크기, 색깔, 두께, 정렬 등을 선택
할 수 있다. 효과 버튼을 눌러 글씨 스타일을 정하거나 글자 모양을 곡선 모양으로 정렬
할 수도 있고, 애니메이션 버튼을 눌러 영상 효과도 넣을 수 있다.

⑫ 캔바로 스마트폰 배경 화면 만들기

□ − ✕

◆ **준비물** : PC, 캔바

◆ **학년** : 중학년 이상 가능, 고학년 추천

◆ **영역** : 표현

◆ **소요 시간** : 2차시 구성

◆ **프로그램 사용 환경** : 교육용 계정 무료, 컴퓨터(윈도, 매킨토시) 지원, 모바일 지원

◆ **프로그램 링크** : www.canva.com

캔바를 사용하여 자신의 스마트폰에 맞는 배경 화면을 만들어 보는 활동이다. 각자가 가진 스마트폰의 화면 비율이나 크기, 인터페이스가 다르기 때문에 각자의 핸드폰에 맞는 크기로 제작하도록 한다. 스마트폰의 스크린샷 기능을 활용하기 때문에 각자 핸드폰의 스크린샷 촬영법을 알아 오는 것이 좋다. 미리캔버스를 활용해서도 같은 수업을 할 수 있다.

① 성취 기준

• 기본적인 표현 재료와 용구의 특성을 이해하고 사용 방법을 익힐 수 있다.
• 조형 요소의 특징을 자유롭게 탐색하며 주제 표현에 알맞게 활용할 수 있다.
• 디지털 매체 등 다양한 표현 재료와 용구를 탐색하여 작품 제작에 활용할 수 있다.
• 조형 요소의 어울림을 통해 조형 원리를 이해하고 주제 표현에 연결할 수 있다.

2022 개정 교육과정에서 새로 추가된 디지털 역량을 의미 있게 달성할 수 있다. 캔바라는 디지털 도구를 이용하여 자신이 가장 많이 사용하는 디지털 도구인

스마트폰의 배경 화면을 만들기 때문에 디지털 기기 사용의 주체성을 함양할 수 있다. 자신의 스마트폰 인터페이스와 화면 비율에 알맞게 미적 요소를 배치하고 자신만의 개성을 넣어 배경 화면을 제작하면서 조형 요소와 조형 원리를 고민해 볼 수 있다.

② 수업 흐름도

> ### 기초 기능 익히기
> **1~2차시** : 캔바 활용하여 내 스마트폰에 딱 맞는 배경 화면 제작하기

앞서 소개한 캔바 활용 수업들에서 학생들이 캔바 사용 기능을 익혔기 때문에 본 수업에서는 바로 작품 제작에 들어간다. 만약 본 수업을 캔바 활용 첫 수업으로 계획했다면 앞서 소개한 [캔바 둘러보기]로 1~2차시 정도의 기초 기능 익히기 수업을 추가 편성하길 바란다.

③ 차시별 수업 과정 상세히 살펴보기

1~2차시 : 캔바 활용하여 내 스마트폰에 딱 맞는 배경 화면 제작하기

1 자신의 스마트폰 배경 화면 스크린샷 촬영하기
스마트폰의 잠금 화면을 스크린샷으로 촬영한다.

- **애플 아이폰** : 전원 버튼 + 볼륨 상단 버튼
- **삼성 갤럭시** : 전원 버튼 + 볼륨 하단 버튼
- **LG 스마트폰** : 전원 버튼 + 볼륨 하단 버튼

출시한 지 오래된 모델이거나 다른 제조사의 스마트폰은 스크린샷 버튼이 다를 수 있으니 미리 스마트폰 스크린샷 촬영 방법을 알아 오도록 한다.

2 스크린샷 컴퓨터로 옮기기

구글 드라이브 등의 클라우드 저장소를 이용하거나 교사의 메일로 이미지를 전송하는 등의 방법으로 스크린샷을 PC로 전송한다. 학급 홈페이지나 이학습터 게시판을 이용할 수도 있다.

이학습터 게시판

3 캔바로 스크린샷 불러오고 캔버스 크기 맞추기

1 PC로 가져온 스크린샷 파일을 [오른쪽 클릭]-[속성]-[자세히]로 들어간 뒤 '사진 크기' 항목의 사진 크기를 메모한다.

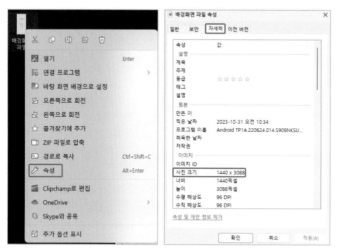

속성 창   자세히 창

2 캔바에 접속하여 로그인 한 뒤 디자인 만들기 버튼을 누르고 맞춤형 크기 를 선택한 뒤 자신의 스크린샷 사진 크기를 입력한다.

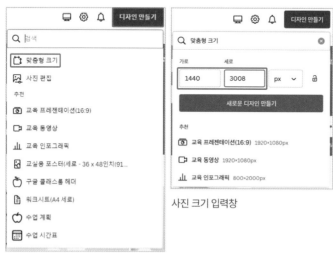

디자인 만들기   사진 크기 입력창

3 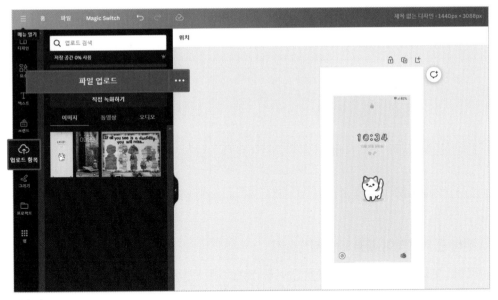 버튼을 누르고 `파일 업로드`를 클릭하여 스크린샷 파일을 불러온다.

파일 업로드

4 캔바 화면에 나타난 스크린샷 이미지를 우클릭하여 `🏁 이미지를 배경으로 설정` 을 선택한다.

속성 창

⑤ 캔바 상단의 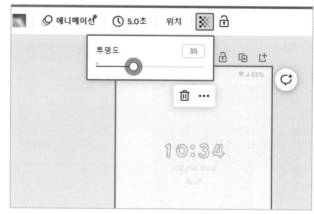를 클릭하여 투명도를 35~50%로 설정한다.

투명도 설정

4 캔바 툴 이용하여 배경 화면 제작하기

시계, 통화 버튼, 카메라 버튼 등 내 스마트폰 인터페이스와의 조화를 생각하며 캔바 기능을 이용해 배경 화면을 제작한다.

작업 완료

5 이미지 파일로 저장하기

캔바 화면 우측 상단의 ⬆ 공유 버튼을 누른 뒤 ⬇ 다운로드 를 선택하고 다운로드 를
클릭하여 이미지 파일을 저장한다.

공유

다운로드

6 스마트폰에 전송하여 배경 화면 적용하기

스크린샷을 스마트폰에서 PC로 이동했던 방법을 이용하여 PC에서 스마트폰
으로 작품 파일을 옮긴 뒤 스마트폰 배경 화면으로 설정한다.

예시 작품 결과물

03 캔바로 생성형 AI 미술 작품 만들기

◆ **준비물** : PC, 캔바

◆ **학년** : 중학년 이상 가능, 고학년 추천

◆ **영역** : 표현

◆ **소요 시간** : 4차시 이상 구성

◆ **프로그램 사용 환경** : 교육용 계정 무료(교사), 컴퓨터(윈도, 매킨토시) 지원, 모바일 지원(패드, 스마트폰 앱)

◆ **프로그램 링크** : www.canva.com

ChatGPT 등 인공지능 플랫폼의 등장으로 교육 현장에서 생성형 AI에 대한 관심이 커지고 있는데, 캔바를 활용하면 학생들이 인공지능 기술로 미술 작품을 직접 구상하고 생성하는 경험을 할 수 있다. 유명한 작가의 화풍이나 다양한 미술 양식을 바탕으로 명령어를 입력해서 자신이 원하는 작품을 제작할 수 있다.

① 관련 성취 기준

· 미술 작품을 자세히 보고 작품과 미술가에 관해 질문할 수 있다.

· 미술 작품의 특징과 작품에 관한 자신의 느낌과 생각을 설명할 수 있다.

· 작품 감상에 흥미를 가지고 참여하며 작품에 대한 자신의 감상 관점을 존중할 수 있다.

· 디지털 매체 등 다양한 표현 재료와 용구를 탐색하며 작품 제작에 활용할 수 있다.

· 미술 작품을 작품이 만들어진 시대적, 지역적 배경 등과 연결하여 이해할 수 있다.

· 미술 작품의 내용(소재, 주제 등)과 형식(재료와 용구, 표현 방법, 조형 요소와 원리 등)을 분석하여 작품의 특징을 설명할 수 있다.

· 공동체의 미술 문화 활동에 관심을 가지고 참여하며 경험을 공유할 수 있다.

3~6학년 '감상 영역' 성취 기준의 많은 항목을 달성할 수 있는 수업이다. 학생들은 캔바라는 디지털 매체를 이용해 자신이 좋아하는 작가의 화풍이나 미술 양식으로 새로운 작품을 생성하고 편집할 수 있다. 이 과정을 통해 학생들은 디지털 매체를 적극적으로 활용하며 신체와 사고, 시간과 공간의 경험을 확장하며 디지털 시대에 필요한 소양을 기를 수 있다. 또한 다양한 작품을 생성하고 친구들과 소통하면서 미술 양식에 대한 이해를 심화하고 새로운 문화를 생성해 가는 데까지 관심을 확장할 수 있다.

② 수업 흐름도

구글 아트 앤 컬처로 다양한 작품 감상하기(선택)

1차시 : 구글 아트 앤 컬처에 접속해서 다양한 미술 양식과 작가 화풍을 감상해 본다.

2차시 : 생성형 AI로 제작할 미술 양식이나 작가 화풍을 정해 본다.

캔바를 활용해 생성형 AI 미술 작품 만들기 ★본 차시★

3차시 : 캔바를 활용해 생성형 AI 미술 작품 만드는 방법을 알아본다.

4차시 : 캔바를 활용해 생성형 AI 미술 작품을 만들고 편집해 본다.

작품 감상하기 및 굿즈 구상하기(후속 활동)

5차시 : 다양한 작품을 감상하며 자신의 느낌과 생각을 발표해 본다.

6차시 : 목업(Mockups) 앱으로 굿즈 디자인을 구상하고 공유해 본다.

앞서 소개한 캔바 활용 수업들에서 학생들이 캔바 사용 기능을 익혔기 때문에 본 수업에서는 바로 작품 제작에 들어간다. 만약 본 수업을 캔바 활용 첫 수업으로 계획했다면 앞서 소개한 [캔바 둘러보기]로 1~2차시 정도의 기초 기능 익히기 수업을 추가 편성하기를 바란다.

또한 본 수업 전에 구글 아트앤컬처[263p]로 다양한 작품을 감상하는 차시를 확보하면(선택) 학생들이 다양한 미술 양식과 작가 화풍에 대한 이해를 바탕으로 더욱 다양한 작품을 생성해 볼 수 있다. 캔바를 활용해 생성형 AI 미술 작품을 만들어보면서 학생들은 각자의 의도를 갖고 자기 주도적으로 미술 활동에 참여할 수 있으며, 다양한 작품들을 감상하면서 공동체의 미술 문화 활동에 관심을 갖고 경험을 공유할 수 있다.

후속 활동으로는 작품을 패들렛 등의 사이트에 올려서 함께 감상하며 자신의 느낌과 생각을 발표하는 수업을 할 수 있다. 또한 캔바 앱 메뉴에서 'Mockups'를 검색하고 다양한 굿즈(컵, 티셔츠, 가방 등)에 자신이 생성한 그림을 넣어보면서, 진로 교육, 메이커 교육, 디자인씽킹 교육 등과 연계해서 다양한 활동을 구상할 수 있다.

③ 차시별 수업 과정 상세히 살펴보기

3~4차시 : 캔바를 활용해 생성형 AI 미술 작품 만들기

캔바로 생성형 AI 미술작품을 만드는 방법으로는 메인화면 Dream Lab 이용하기, 앱 이용하기의 두 가지가 있다.

■ 메인화면 Dream Lab 이용하기

1 프롬프트 입력하여 이미지 생성하기

❶ 좌측 하단에서 Dream Lab을 선택한다.

❷ 검색창에 프롬프트(명령어) 입력하고 [만들기]를 눌러 이미지를 생성한다.

⑩ 모네 그림체로 서울 그려 줘, 팝아트로 프랑스 파리 그려 줘

2 원하는 이미지를 고르고 디자인 [편집] 하기

❶ 이미지를 더블클릭하면 필터나 효과를 조절할 수 있다.

❷ 좌측 메뉴인 [요소], [텍스트] 등을 활용하여 요소를 추가 입력할 수 있다.

■ 앱 이용하기

1 생성형 AI 앱 실행하기

❶ 작업 화면 좌측 하단 앱을 눌러 준다.

❷ 상단 검색창에서 Magic Media를 적고 엔터를 친다.

❸ Magic Media 앱을 실행한다.

> **Tip**
>
> Magic media 앱 외에도 DALL-E AI 등의 이미지 생성 앱을 활용할 수 있다. 검색창에 AI를 검색하면 다양한 생성형 AI 앱들을 활용할 수 있다.

2 명령어(Prompt) 입력하고 이미지 생성하기

❶ 검색창에 명령어를 입력한다.

㉠ 반 고흐 그림체로 서울 풍경 그려 줘, 피카소 그림체로 파리 풍경 그려 줘, 모네 그림체로 뉴욕 풍경 그려 줘, 팝아트 느낌으로 자유의 여신상 그려 줘.

❷ 이미지 생성 버튼 누르기

> **Tip**
>
> 본 수업 전에 구글 아트 앤 컬처263p로 다양한 작품을 감상하는 차시를 확보하면 학생들이 다양한 미술 양식과 작가 화풍에 대한 이해를 바탕으로 더욱 다양한 작품을 생성해 볼 수 있다.

3 생성된 작품 캔버스에 넣기

❶ 좌측 화면에 작품이 네 개 생성된다. 마음에 드는 작품을 선택하면 오른쪽 캔버스에 나타난다.

❷ 작품이 모두 마음에 들지 않을 경우 좌측 하단 [다시 생성하기] 버튼을 누르면 새로운 작품이 생성된다.

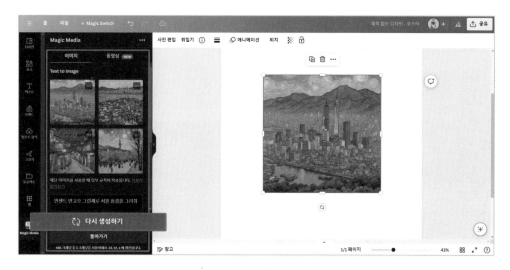

4 캔버스 화면에 꽉 차게 조절하기

❶ [Ctrl + 마우스 휠]이나 하단의 [화면 확대 스크롤]을 조절해서 캔버스 전체가 보이도록 해 준다.(패드나 스마트폰을 활용할 경우는 손가락 터치로 확대 축소한다.)

❷ 그림을 드래그해서 왼쪽 상단 모서리에 맞추어 위치시키고 오른쪽 하단 모서리의 둥근 점을 그림과 같이 드래그해서 화면에 꽉 차도록 조절해 준다.

5 텍스트 등 추가 편집하기(선택 사항)

❶ [텍스트]-[텍스트 상자 추가] 버튼을 눌러서 글자를 추가하고 상단의 가로줄 메뉴를 이용해 글씨체, 굵기, 크기 등을 자유롭게 조절할 수 있다.

❷ 작업 화면 좌측의 [요소], [업로드 항목] 등의 메뉴들을 활용해서 그림, 스티커, 내 사진을 추가로 더 입력할 수도 있다.

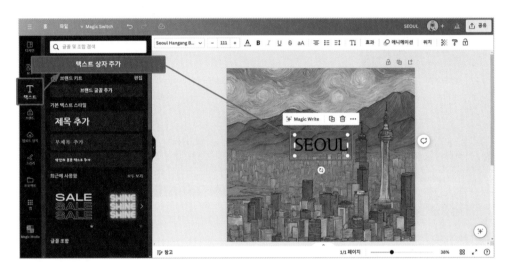

6 작품 저장하기

❶ 오른쪽 상단 [공유] 버튼을 누른다.

❷ [다운로드] 버튼을 누른다.

❸ 파일 형식(PNG, JPG, PDF)을 선택한다. 수업용이라면 PNG나 JPG를 추천한다. 스크롤을 좌우로 움직여서 작품의 크기를 조절할 수 있다. 오른쪽으로 움직일수록 고화질 화질로 저장된다.(고화질은 저장 시간이 오래 걸려서 수업용이라면 스크롤을 움직이지 않고 저장하는 것을 추천한다.)

❹ 하단의 [다운로드] 버튼을 누르면 작품 파일이 저장된다.

7 학생 작품 예시

모네 그림체로 뉴욕 도시 풍경 그려 줘.

피카소 그림체로 호주를 표현해 줘.

팝아트 느낌으로 자유의 여신상 표현해 줘.

반 고흐 그림체로 파리 풍경 그려 줘.

학생 활동 장면

❶ 작업 화면 좌측 하단 앱을 눌러 준다.

❷ 상단 검색창에서 Mockups를 적고 엔터를 친다.

❸ Mockups 앱을 실행한다.

❹ 다양한 굿즈 예시가 나온다. 원하는 상품을 클릭하고, 크기를 조절해서 화면에 배치한다.

❺ 그림 파일을 굿즈로 드래그해 주면 다양한 굿즈 디자인을 확인할 수 있다. 캔바를 이용해 이미지를 만들고, Mockups 앱으로 미리 굿즈를 구상해 보면서 진로 교육, 메이커 교육, 디자인씽킹 교육 등과 연계할 수 있다.

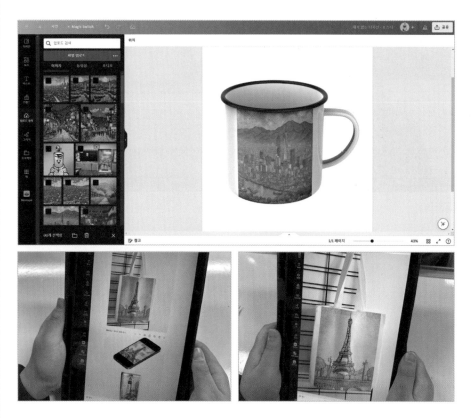

ⓞ4 캔바로 제품 홍보 포스터 만들기

★ 5학년 과학 -2단원 날씨와 우리 생활 – 날씨 마케팅을 이용한 상품 판매 전략 설계하기 연계

　캔바를 활용해 날씨 마케팅 홍보 포스터를 만들어 보는 활동이다.(과학 연계) 학생들이 미술 표현을 다양한 분야와 폭넓게 연관 지어 보는 활동을 통해 시각적 소통 능력, 창의·융합적 사고 능력을 기르고 자기 주도적 미술 학습 능력을 함양할 수 있다. 다른 교과 활동에 미술적 요소를 어떻게 활용할 것인가 고민하고 스스로 구상하고 표현하는 과정을 통해 자발적이고 주도적인 학습 태도를 기를 수도 있다.

① 성취 기준

- 관찰과 상상으로 아이디어를 떠올려 표현 주제를 구체화할 수 있다.
- 표현 의도를 가지고 작품을 제작하며 자기 작품을 소중히 여길 수 있다.
- 미술과 타 교과를 관련지어 주제를 표현하는 데 흥미를 가질 수 있다.
- 디지털 매체 등 다양한 표현 재료와 용구를 탐색하며 작품 제작에 활용할 수 있다.
- 조형 요소의 어울림을 통해 조형 원리를 이해하고 주제 표현에 연결할 수 있다.
- 주제 표현에 의지를 갖고 표현 과정을 돌아보며 작품을 발전시킬 수 있다.
- 미술과 타 교과의 내용과 방법을 융합하는 활동을 자유롭게 시도할 수 있다.

　3~6학년 '표현 영역' 성취 기준의 많은 항목을 달성할 수 있는 수업이다. 캔바라는 디지털 매체를 활용한다면 과학, 사회, 국어 등의 교과 특성에 맞게 다양한 미술 활동을 할 수 있다. 학생들은 미술과 다른 교과를 창의적으로 연관 지으며 다양한 방법으로 표현하는 과정에서 창의성을 키우고 여러 교과를 융합하는 능력을 신장할 수 있다.

날씨 마케팅 홍보 포스터를 직접 제작하는 과정(과학 연계)에서 학생들은 조형 요소의 어울림, 효과적인 홍보 방법, 사람들의 이목을 사로잡을 표현법 등을 떠올리며 자기 주도적으로 미술 활동에 참여할 수 있다. 또한 디지털 매체를 이용해 미술 활동 과정에 타 분야의 지식, 기술, 경험 등을 연계, 융합하며 새로운 가능성을 발견할 수도 있다.

② 수업 흐름도

필수 캔바 기초 기능 익히기(전 차시)
1~2차시 : 캔바 기초 기능 익히기

캔바로 날씨 마케팅 홍보 포스터 만들기 ★본 차시★
3~4차시 : 캔바로 날씨 마케팅 홍보 포스터를 만들어본다.

작품 감상하기(후속 활동)
5차시 : 날씨 마케팅 홍보 포스터를 감상해 본다.

　앞서 소개한 캔바 활용 수업들에서 학생들이 캔바 사용 기능을 익혔기 때문에 본 수업에서는 바로 작품 제작에 들어간다. 만약 본 수업을 캔바 활용 첫 수업으로 계획했다면 앞서 소개한 [캔바 둘러보기]로 1~2차시 정도의 기초 기능 익히기 수업을 추가 편성하는 것을 추천한다.

　시간 확보를 위해 날씨 미게팅 홍보 방법 구상은 과학 시간 등에서 다루고 미술 시간에는 바로 표현 활동을 하는 것을 추천한다. 날씨 마케팅 홍보 포스터를 제작하는 과정에서 학생들은 타 분야의 지식, 기술, 경험 등을 융합해서 자신의 생각을 창의적으로 표현할 수 있고, 조형 요소의 어울림을 생각하며 자기 주도적인 표현 활동을 할 수 있다. 작품 감상하기 활동을 후속으로 준비하면 학생들이 서로의 작품을 분석하고 다양한 의견을 나눌 수 있다.

③ 차시별 수업 과정 상세히 살펴보기

3~4차시 : 캔바로 날씨 마케팅 홍보 포스터 만들기

1 디자인 만들기

홈페이지 메인 [홈 화면 버튼], 우측 상단 [디자인 만들기 버튼], 좌측 [템플릿 버튼] 중 원하는 방법으로 [포스터]를 선택해 준다. 인스타그램 게시물(정사각형) 등 원하는 다른 캔버스를 선택해도 상관없다.

2 날씨 마케팅을 이용한 상품 포스터 제작하기

1 디자인 검색하기

❶ 화면 왼쪽 상단 [디자인]을 눌러 준다.

❷ 날씨 마케팅을 이용한 겨울철 '붕어빵' 홍보 포스터를 제작해 보자. 붕어빵과 어울리는 이미지를 생각하며 어울리는 키워드를 검색한다.(빈티지, 레트로 포스터, 종이 질감 등)

❸ 아래쪽에 뜬 포스터 중에서 마음에 드는 포스터를 선택해 준다.

2 필요 없는 요소 삭제하기

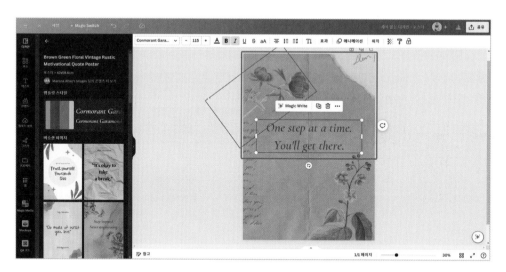

❶ 포스터에서 필요 없는 요소(그림, 글자 등)를 클릭해서 삭제해 준다.

❷ 원하는 배경만 남기고 요소를 다 지우면 내가 원하는 이미지나 텍스트를 빈 공간에 추가해 줄 수 있다.

빈티지 배경

[요소] 배경 검색 결과 예시

▲ 레트로 배경

3 그림 삽입하기

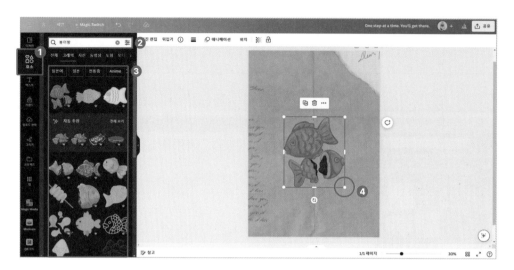

❶ 왼쪽 [요소]를 눌러 준다.

❷ 상단 검색창에 '붕어빵'을 입력하면 다양한 붕어빵 그림, 사진 등이 뜬다.

❸ 원하는 그림이나 사진을 선택하면 캔버스에 삽입된다.

❹ 그림 모서리의 흰 점을 드래그해서 크기를 조절해 줄 수 있다.

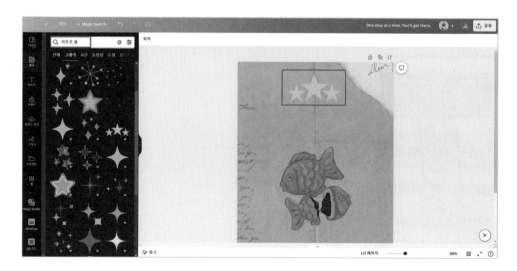

❶ [요소]에서 '레드로 별'을 검색 후 적당한 곳에 배치한다.

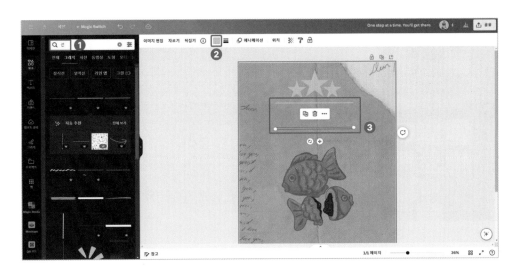

❶ [요소]에서 '선'을 검색 후 삽입한다.

❷ 선 색상을 원하는 색으로 변경한다.

❸ 선을 복사해서 아래쪽에 붙여 넣는다.

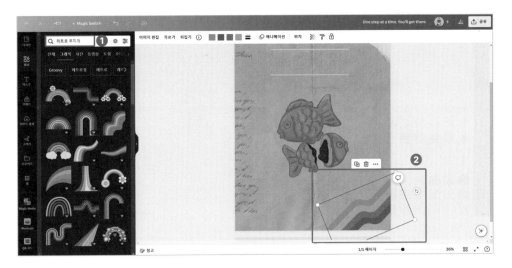

❶ [요소]에서 '레트로 무지개'를 검색 후 삽입한다.

❷ 포인트를 주고 싶은 부분에 배치한다.

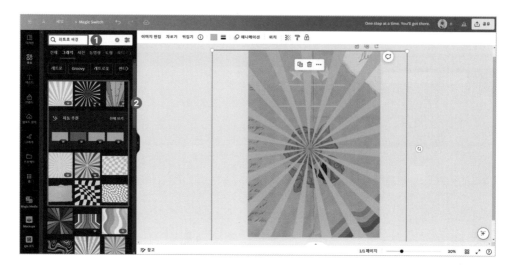

❶ [요소]에서 '레트로 배경'을 검색 후 상품을 강조해 줄 그림을 선택하면 더욱 재미있는 작품을 만들 수 있다.

❷ 상품이 강조될 수 있는 위치에 배치시키고 크기를 조절해 준다.

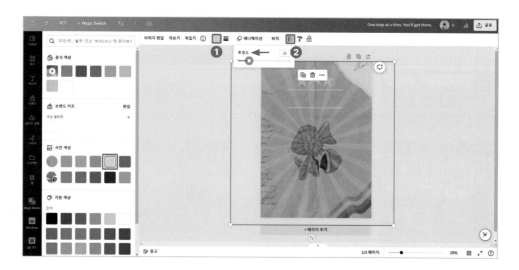

❶ 강조 효과를 선택하고 상단의 [색상 툴]을 눌러서 색상을 변경해 준다. 노란색은 너무 튀는 것 같으면 배경과 어울리는 베이지색으로 바꾸어 줄 수도 있다.

❷ 상단의 [투명도]를 누르고 투명도 바를 왼쪽으로 움직여서 투명도를 낮춰 줄 수 있다.

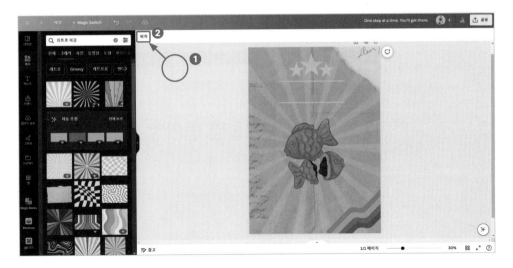

❶ 캔버스의 빈 공간을 한번 클릭해 주면 상단에 [위치]가 뜬다.

❷ [위치] 버튼을 눌러 준다.

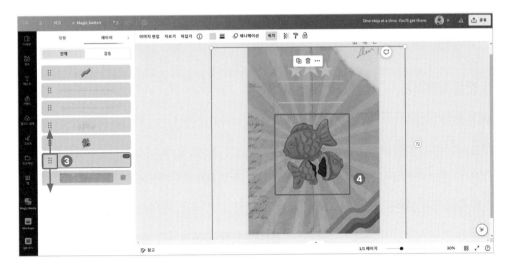

❸ 왼쪽에 뜨는 레이어에서 겹쳐 있는 요소(그림, 글자 등)를 쉽게 선택할 수 있다. 레이어에서 요소를 위아래로 드래그해 주면 겹쳐 있는 요소 중 어떤 요소를 앞에 보여 줄지 정해 줄 수 있다.

❹ 강조 효과가 붕어빵을 가리지 않도록 붕어빵 아래쪽으로 배치해 준다.

4 글자 삽입하기

❶ 좌측 [텍스트]를 눌러 준다.

❷ [텍스트 상자 추가] 또는 [기본 텍스트 스타일]을 눌러서 텍스트를 입력해 준다.

❸ 텍스트를 누르고 화면 상단의 메뉴를 이용해 폰트, 글씨 크기 등을 수정해 줄 수 있다.

5 작품 저장하기

❶ 오른쪽 상단 [공유] 버튼을 누른다.

❷ [다운로드] 버튼을 누른다.

❸ 파일 형식(PNG, JPG, PDF)을 선택한다. 수업용이라면 PNG나 JPG를 추천한다.
스크롤을 좌우로 움직여서 작품의 크기를 조절할 수 있다. 오른쪽으로 움직일수록 고화질

화질로 저장된다.(고화질은 저장 시
간이 오래 걸려서 수업용이라면 스
크롤을 움직이지 않고 저장하는 것
을 추천한다.)

❹ 하단의 [다운로드] 버튼을 누르면
작품 파일이 저장된다.

6 학생 작품 예시

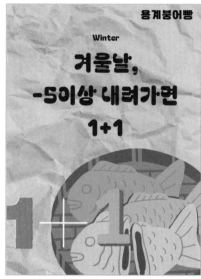

📍05 캔바로 환경보호 캠페인 홍보 포스터 만들기

캔바를 활용해 환경보호 캠페인 홍보 포스터를 만드는 활동이다. 학생들이 생활 속의 문제점을 발견하고 이를 해결하기 위해 캔바라는 디지털 매체로 포스터를 제작하는 과정에서 시각적 소통 능력, 미술 문화 이해 능력, 자기 주도적 미술학습 능력 등을 신장할 수 있다. 환경보호 캠페인 포스터라는 시각 이미지를 만들고 사람들에게 자기 생각을 전달하면서 학생들은 자신과 세계를 이해하고 미술 문화 창조에 주도적으로 참여하는 역할도 할 수 있다. 또한 미술을 타 교과의 내용과 융합해서 표현하는 활동을 통해 융합적 사고를 기를 수 있으며 제작한 포스터 이미지를 이용해 굿즈(티셔츠, 컵, 에코백 등)를 제작하며 메이커 교육, 진로 교육 등과 연계할 수도 있다.

1 성취 기준

· 표현 의도를 가지고 작품을 제작하며 자기 작품을 소중히 여길 수 있다.
· 미술과 타 교과를 관련지어 주제를 표현하는 데 흥미를 가질 수 있다.
· 미술 문화에 관심을 가지고 전시 및 행사에 참여할 수 있다.
· 디지털 매체 등 다양한 표현 재료와 용구를 탐색하며 작품 제작에 활용할 수 있다.
· 조형 요소의 어울림을 통해 조형 원리를 이해하고 주제 표현에 연결할 수 있다.
· 주제 표현에 의지를 갖고 표현 과정을 돌아보며 작품을 발전시킬 수 있다.
· 미술과 타 교과의 내용과 방법을 융합하는 활동을 자유롭게 시도할 수 있다.
· 공동체의 미술 문화 활동에 관심을 가지고 참여하며 경험을 공유할 수 있다.

2022 개정 교육과정 '표현 영역'의 대부분 항목을 달성힐 수 있는 수업으로, 창작한 포스터에 대해 관찰하고 이야기하며 '감상 영역' 항목도 달성할 수 있다.

환경오염이라는 사회 문제를 해결하기 위해 홍보 포스터를 제작하고 의미를 전달하는 과정에서 학생들은 문화를 향유하고 새로운 문화까지 생성하는 자기 주도적 미술 학습 능력을 신장할 수 있다. 미술을 타 교과의 내용과 융합해서 표현하면서 융합적 사고력을 기를 수 있고 새로운 시각으로 작품을 창조하며 미적 가치를 창출하는 능력도 신장할 수 있다.

또한 포스터를 제작하면서 조형 요소와 조형 원리를 생각하며 주제 표현에 활용할 수 있으며 표현 의도를 가지고 작품을 제작하며 자기 작품을 소중히 여기는 마음가짐도 가질 수 있다.

후속 활동으로 제작한 포스터를 이용해 굿즈 만들기 활동을 계획할 수도 있다. 환경보호 포스터 이미지 파일을 이용해 컵(종이컵 사용을 줄이기 위해), 에코백(비닐봉지 사용 줄이기 위해), 티셔츠(생활 속에서 환경보호의 중요성을 알리기 위해) 등의 물건(굿즈)을 제작하고 결과물을 이용해 캠페인 활동을 하면서 학생들은 자신과 세계를 이해하고 미술 문화 창조에 주도적으로 참여하는 사람으로 성장할 수 있을 것이다.

② 수업 흐름도

필수 캔바 기초 기능 익히기(전 차시)
1~2차시 : 캔바 기초 기능 익히기

캔바로 포스터 만들기 ★본 차시★
3~4차시 : 캔바로 환경보호 캠페인 홍보 포스터 만들기

작품 감상하기(후속 활동)
5차시 : 홍보 포스터 감상하기

굿즈 만들기(후속 활동)
6차시 : 포스터 이미지 파일로 굿즈 제작하기

환경보호 캠페인하기(후속 활동)
7차시 : 환경보호 홍보 굿즈를 이용해 캠페인 활동하기

 앞서 소개한 캔바 활용 수업들에서 학생들이 캔바 사용 기능을 익혔기 때문이
본 수업에서는 바로 작품 제작에 들어간다. 만약 본 수업을 캔바 활용 첫 수업으
로 계획했다면 앞서 소개한 [캔바 둘러보기]로 1~2차시 정도의 기초 기능 익히기
수업을 추가 편성하는 것을 추천한다.

 캔바를 이용해 환경보호 홍보 포스터를 제작하기 전에 다양한 홍보 포스터를
검색하면서 미적 체험을 하면 학생들이 활동에 흥미를 가질 수 있다. 이어서 캔
바로 직접 홍보 포스터를 만들어보는 시간을 갖는다.

 이미지를 저장했으면 패들렛에 올려서 서로의 작품을 감상하는 시간을 갖는
것도 좋다. 학생들은 작품의 내용(소재, 주제 등), 형식(표현 방법, 조형 요소와
원리) 등을 분석하며 작품을 이해할 수도 있고 공동체의 미술 문화 활동에 관심
을 갖고 참여하며 경험을 공유할 수도 있다.

 후속 활동으로 제작한 포스터 이미지 파일을 이용해 다양한 굿즈(컵, 에코백,
티셔츠 등)를 제작하고 (굿즈 제작 인터넷 사이트 활용), 제작한 굿즈를 이용해
환경보호 캠페인도 할 수 있다. 학교 실정에 맞게 진로 교육, 메이커 교육, 소프
트웨어 교육 등과 연계해서 전체 프로젝트 활동을 구상할 수도 있다.

③ 차시별 수업 과정 상세히 살펴보기

3~4차시 : 캔바로 환경보호 캠페인 홍보 포스터 만들기

1 디자인 만들기

　홈페이지 메인 [홈 화면 버튼], 우측 상단 [디자인 만들기 버튼], 좌측 [템플릿
버튼] 중 원하는 방법으로 [포스터]를 선택해 준다. 인스타그램 게시물(정사각
형), 프레젠테이션 등 다른 크기를 선택해도 상관없다.

2 포스터 디자인 제작하기

▣ 디자인 검색하기

❶ 화면 왼쪽 상단 [디자인]을 눌러 준다.

❷ 검색창에 '환경보호', '환경', '지구' 등의 키워드를
적어 준다.

❸ 아래쪽에 뜬 포스터 중에서 마음에 드는 포스터를
선택해 준다.

☑ 배경 색 수정하기

❶ 선택한 포스터가 화면에 뜬다.

❷ 캔버스를 배경을 누르면 왼쪽 상단에 색상 선택 아이콘이 뜬다. 이 아이콘을 눌러 배
경색을 변경해 줄 수도 있다.

☑ 그림 수정하기

❶ 그림 객체를 클릭하면 상단에 색상 조합이 뜨는데, 내가 원하는 색상 조합으로 바꿔
줄 수 있다.

❹ 글자 수정하기

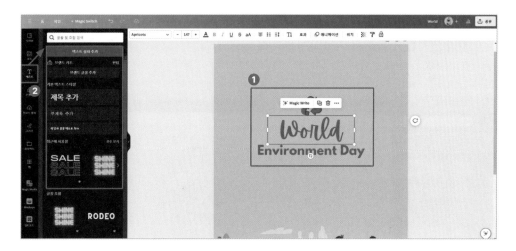

❶ 화면에 뜬 텍스트를 눌러서 바로 글자를 바꿔도 된다.

❷ 새로운 글자를 입력하고 싶을 때는 왼쪽 [텍스트]를 누르고 [텍스트 상자 추가]를 눌러 주면 된다.(하단의 기본 텍스트 스타일, 글꼴 조합 등을 눌러도 된다.)

❺ 그림 및 글자 삭제 및 추가하기

❶ 왼쪽 [요소]를 눌러 준다.

❷ 필요 없는 글자나 그림을 화면에서 삭제해 준다. 상단 검색창에 '지구', '지구 캐릭터'

등의 단어를 치면 그림이나 사진 등이 뜬다.

❸ 원하는 그림이나 사진을 선택하면 캔버스에 삽입된다. 원하는 이미지를 넣고, 텍스트 위치나 크기를 조절해서 어울리게 배치해 주면 된다.

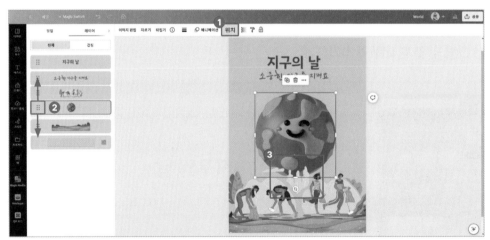

| Tip | 겹쳐져 있는 요소(사진, 글자 등) 중 하나를 쉽게 선택하는 방법 |

(1) 화면에서 겹쳐져 있는 요소(사진, 글자 등) 중 하나를 선택하고 싶을 때 캔버스를 한 번 클릭하면 상단에 [위치] 버튼이 뜬다. [위치]를 누르고 왼쪽에 뜨는 레이어에서 요소를 쉽게 선택할 수 있다.
(2) 레이어에서 요소를 위아래로 드래그해 주면
(3) 겹쳐져 있는 요소 중 어떤 요소를 앞에 보여 줄지 정해 줄 수 있다.

6 작품 저장하기

❶ 오른쪽 상단 [공유] 버튼을 누른다.

❷ [다운로드] 버튼을 누른다.

❸ 파일 형식(PNG, JPG, PDF)을 선택한다. 수업용이라면 PNG나 JPG를 추천한다. 스크롤을 좌우로 움직여서 작품의 크기를 조절할 수 있다. 오른쪽으로 움직일수록 고화질 화질로 저장된다.(고화질은 저장 시간이 오래 걸려서 수업용이라면 스크롤을 움직이지 않고 저장하는 것을 추천한다.)

❹ 하단의 [다운로드] 버튼을 누르면 작품 파일이 저장된다.

7 학생 작품 예시

> **Tip** 　 환경보호 굿즈 제작 및 캠페인 활동(후속 차시)
>
> • 인터넷에서 굿즈 제작 사이트를 검색하고 학생들이 제작한 그림을 업로드하면 다양한 굿즈를 제작
>   할 수 있다.(사이트 예시 : 미리캔버스 비즈하우스, 레드프린팅 등)
> • 수업 취지에 맞는 굿즈(컵, 에코백, 티셔츠 등)를 제작하고, 제작한 굿즈를 이용해 환경보호 캠페인
>   도 할 수 있다.
> • 학교 실정에 맞게 진로 교육, 메이커 교육, 소프트웨어 교육 등과 연계해서 전체 프로젝트 활동을 구
>   상할 수도 있다.

06 미리캔버스 둘러보기

◆ **프로그램 사용 환경** : 무료 가능 및 유료 결제 프로 버전, 컴퓨터(윈도, 매킨토시) 지원, 모바일 앱 지원 안 함. 태블릿 PC에서 웹으로 접속하여 이용 가능하다.

◆ **프로그램 링크** : www.miricanvas.com

◆ 앞서 소개한 캔바를 활용한 수업들은 미리캔버스를 이용할 수도 있다.

미리캔버스는 디자인 회사 '미리디'에서 제공하는 웹 기반 그래픽 툴이다. 미리디는 명함, 포스터, 현수막 등 각종 인쇄물과 디자인 상품을 판매하는 비즈하우스 쇼핑몰 함께 운영 중이기에 미리캔버스에서 제작한 디자인을 바로 다양한 상품에 적용하여 주문할 수 있다는 장점을 가지고 있다. 비슷한 그래픽 툴인 캔바(canva)와 비교하자면 교육용 계정에 대해 캔바는 프로 기능을 무료로 제공하는 반면 미리캔버스는 할인된 가격으로만 제공하고 있다는 단점이 있다. 반면 유료 정액제인 프로 기능을 기준으로 보았을 때 캔바보다는 미리캔버스가 더 다양한 그래픽 요소와 사진, 동영상 등을 제공한다는 장점이 있다. 미리캔버스에서 제작한 이미지, PPT, 동영상 파일은 상업적 비상업적 이용이 자유롭다. 그렇지만 상업적으로 이용할 경우 혹시 있을 저작권 분쟁에 대비해 미리캔버스에 작업 파일을 삭제하지 않고 보관해 두는 것이 좋다.

1 처음 시작하기

1 작업창 열기

　미리캔버스 홈페이지 접속 후 로그인한 뒤, 화면 우측 상단의 디자인 만들기 버튼을 클릭해 만들 작품의 크기를 직접 입력하거나 미리캔버스에서 제공하는 다양한 크기 중 선택한다. 크기를 선택하면 미리캔버스 작업 화면이 열린다.

디자인 만들기

2 캔버스 영역

　작품을 그리는 캔버스 영역이다. 키보드 'Control+마우스 스크롤'로 보이는 캔버스를 확대 및 축소하여 볼 수 있다.

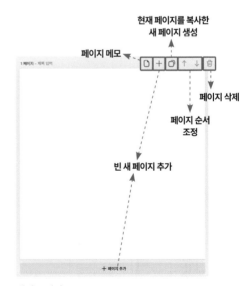

캔버스 영역

② 구성과 기능

1 작업 도구 창

　캔버스에 그림을 그리거나 요소를 넣는 등 다양한 작업을 할 수 있는 도구들이 모여 있는 영역이다.

작업 도구창

▣ 템플릿

템플릿(template)이란 본래 원형 구멍이나 육각 구멍이 뚫려있는 공업용 자를 의미한다. 여기서 의미가 파생되어 특정한 서식을 미리 만들어 놓은 것을 템플릿이라 부른다. 디자인 툴이나 동영상 편집기, 프레젠테이션 소프트웨어에서는 다양한 템플릿을 제공하는 추세다. 미리캔버스에서도 여러 주제의 다양한 템플릿을 제공하고

템플릿창

있다. '가을', '환경', '학예회' 등으로 템플릿을 검색하여 미리캔버스에서 제공하는 템플릿을 그대로 사용하거나 변형하여 작품을 제작할 수 있다.

2 작업 공간

앞서 제작했던 다른 미리캔버스 디자인 요소를 열어 볼 수 있는 메뉴다. 지난 작업에서 편집해 둔 로고나 이미지 파일 등을 손쉽게 불러올 수 있다.

작업 공간창

3 사진

미리캔버스에서 제공하는 다양한 이미지 파일들을 사용할 수 있는 메뉴다. 검색을 통해 원하는 이미지를 찾아 사용할 수 있다.

사진 창

4 업로드

PC에 보관된 이미지 파일을 불러와 미리캔버스에서 사용할 수 있는 메뉴다.

업로드 창

5 요소

미리캔버스에서 제공하는 다양한 그래픽 파일
이나 이모티콘, 그림 등을 사용할 수 있는 메뉴
다. 검색을 통해 원하는 요소를 찾아 사용할 수
있다.

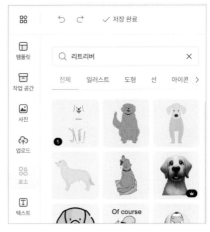

요소 창

6 텍스트

캔버스에 글자를 삽입할 수 있는 메뉴이다. 미
리캔버스에서 제공하는 폰트들은 저작권 걱정
없이 사용할 수 있다. 다양한 폰트와 함께 글자
테마들도 제공하고 있다.

텍스트 창

7 동영상

미리캔버스는 이미지만 만드는 도구가 아니라
다양한 동영상도 제작이 가능한 도구이다. 영상
을 제작하는 데 필요한 배경 영상이나 자료 영
상들을 이 메뉴에서 제공하고 있다.

동영상 창

8 오디오

미리캔버스에서 제공하는 다양한 배경음과 효
과음을 사용할 수 있다.

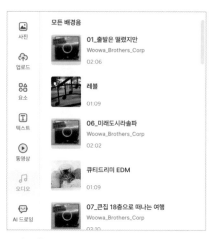

오디오 창

9 AI 드로잉

앞서 AI 드로잉 파트에서 자세히 소개했듯 인공
지능을 이용하여 새로운 이미지를 만들어 내는
기능이다. 해가 지는 바닷가의 모습, 고흐 스타
일로 그린 프랑스 파리와 같이 구체적인 문장을
입력하고 그림 스타일을 선택한 뒤 생성 버튼을
눌러 이미지를 생성한다.

AI 드로잉 창

10 테마

현재 캔버스 위에 배치된 텍스트와 요소, 배경들
의 색상 테마를 설정할 수 있다. 서로 조화로운
색들을 묶어 테마로 제공한다. '모든 테마 색상'
에서 원하는 테마를 선택하면 캔버스 위의 개체
들 색상이 해당 테마의 색 조합으로 변경된다.

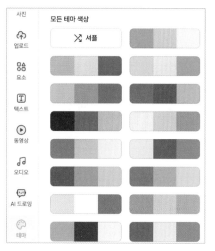

테마 창

11 배경

캔버스의 배경 이미지를 제공하는 메뉴이다. 사진 배경과 패턴 배경을 제공한다.

배경 창

12 찜

사진, 요소, 텍스트, 오디오, 동영상 등에서 '찜 추가'로 설정한 개체들을 한 번에 모아 볼 수 있는 기능이다.

13 QR코드

자신이 원하는 URL의 QR코드 또는 바코드를 생성하여 캔버스에 바로 삽입할 수 있다.

QR코드 창

2 상단바

작업 저장, 실행 취소, 작업 결과물 출력 등의 기능들은 미리캔버스 상단 바에 있다.

1 전체 메뉴

상단 바 좌측에 ⊞ 버튼은 전체 메뉴를 볼 수 있다. '자동 저장'과 '빠른 편집 도구'는 활성화해 두는 것을 추천한다.

전체 메뉴 창

2 되돌리기 / 다시 실행 / 저장하기

⟲⟳ 🖫 저장하기 버튼은 직전의 작업 과정을 되돌릴 수 있다. ⟲⟳ 🖫 저장하기 버튼으로 되돌린 작업 과정을 다시 실행할 수 있다. ⟲⟳ 🖫 저장하기 버튼을 눌러 작업 파일을 저장할 수 있다. 자동 저장을 설정해 두었더라도 수시로 눌러 백업하는 것이 좋다. 저장된 작업 파일은 워크스페이스에서 확인할 수 있다.

3 제목 입력 / 크기 조정

제목을 입력해주세요. 크기조정 ▼ 영역은 작업 파일의 제목을 설정할 수 있다.

제목을 입력해주세요. 크기조정 ▼ 버튼은 캔버스의 크기를 다시 설정할 수 있다. 작업 중 캔버스 크기를 변경할 경우 작업 내용은 유지되며 새로운 캔버스의 크기에 맞게 자동으로 조절된다.

4 공유

상단 바 우측의 ⬁ 를 눌러 다른 작업자와 작업 파일을 공유할 수 있다. '디자인 문서 공개'를 활성화하면 내 미리캔버스 작업 파일을 볼 수 있는 링크가 생성된다. 다른 작업자에게 링크를 전달하여 내 작업 파일을 공유할 수 있다. '상세 옵션'에서 '원본 문서 복제 허용'을 활성화하면 다른 작업자가 내 작업 파일을 그대로 복사하여 편집이 가능하다.

공유 버튼

5 인쇄물 제작

비즈하우스 쇼핑몰과 연결하여 포스터, 기념품, 엽서, 명함 등의 상품으로 제작할 수 있다.

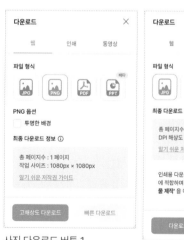

사진 다운로드 버튼 1

사진 다운로드 버튼 2

6 다운로드

상단 바 우측의 다운로드 를 눌러 작업 결과물을 출력할 수 있다. 출력 형태는 이미지, 문서, 동영상 3가지 형태로 제공된다. 이미지는 JPG, PNG 확장자 중 선택이 가능하며 PNG가 JPG에 비해 용량은 더 크지만 화질이 우수하다. 블로그나 SNS에서 사용될 이미지는 '웹'에서 다운로드하고 인쇄할 이미지는 '인쇄'에서 다운로드한다. 문서는 파워포인트와 PDF 형태로 저장이 가능하다. 동영상은 MP4 확장자의 동영상 파일과 GIF 확장자의 움직이는 이미지 파일 두 가지 형태로 다운로드할 수 있다.

3 하단 바

하단 바에는 크게 중요하지는 않으나 작업에 편리함을 줄 수 있는 메뉴들이 몇 가지 배치되어 있다. 하단 바 왼쪽의 애니메이션 5초 눌러 현재 페이지의 배경색을 선택할 수 있다. 애니메이션 5초 는 캔버스 내의 다양한 요소들의 애니메이션을 설정할 수 있다. 애니메이션 5초 는 현재 만든 여러 장의 캔버스들을 순서대로 슬라이드쇼로 재생할 때의 페이지별 재생 시간을 설정할 수 있다.

하단 바 오른쪽에 있는 디자인 에디터 - 49 % + 를 클릭하면 동영상 에디터 로 버튼과 함께 하단 창의 메뉴가 달라진다. 이미지 파일을 만들기 위한 작업은 디자인 에디터에서, 동영상을 만들기 위한 작업은 동영상 에디디에서 하는 것이 편리하다. 디자인 에디터 - 49 % + 창은 캔버스의 실제 크기와 현재 보고 있는 캔버스의 크기 비율을 말한다. -, +버튼을 이용하여 작업하기에 편한 크기를 설정할 수 있다.

디지털 드로잉
메디방페인트, 프로크리에이트

01 메디방페인트 둘러보기

◆ **프로그램 사용 환경** : 무료 가능 및 유료 결제 프로 버전, PC에 프로그램 설치해서 사용 가능
하다. 스마트폰이나 태블릿 앱 지원(Android, iOS 모두 지원/ 앱을 사용할 때는 터치펜 사용
권장한다.

◆ **프로그램 링크** : www.medibangpaint.com

메디방페인트(Medibang Paint)는 일본의 기업인 메디방(Medibang)에
서 배포하고 있는 프리웨어 그래픽 툴이다. 초기 이름은 '클라우드알파카'였는
데 클라우드 기능을 추가하여 메디방페인트로 이름을 바꾸며 데스크톱 버전은
'메디방페인트 프로'가 되고 안드로이드, iOS에는 '메디방페인트'(Medibang
Paint)로 배포되었다. 메디방페인트의 장점은 다음과 같다.

첫째, 무료로 대부분의 기능을 사용할 수 있다. 무료 버전을 사용해도 웬만큼
필요한 기능은 거의 이용할 수 있고 저사양 PC나 패드 등에서도 매끄러운 작업
이 가능하다. 이런 이유로 많은 사람들이 이용하고 있으며 학급에서도 추가적
인 비용 지급 없이 쉽게 사용할 수 있다.

둘째, 클라우드 서비스를 제공하고 있어서 호환성이 뛰어나다. 메일 주소, 구
글 계정 등으로 누구나 쉽게 로그인할 수 있으며 언제 어디서나 클라우드에 자

신의 작품을 저장할 수 있다. 패드로 편집하던 작품을 핸드폰 등의 다른 기기에서도 불러와서 편집할 수 있어서 학급에서 다양한 방식으로 편리하게 이용할 수 있다.

셋째, 인터페이스 화면이 직관적이어서 이용하기 편리하다. 화면 구성이 직관이고 아이콘 모양도 단순하며 친절한 가이드를 제공하고 있어서 초보자도 누구나 쉽게 이용할 수 있다. 또한 다른 사용자들이 그린 그림을 확인하거나 그림 그리는 방법 예시 작품 등을 따라 그릴 수 있는 코너(Medibang 도서관)도 있어서 유용하게 활용할 수 있다.

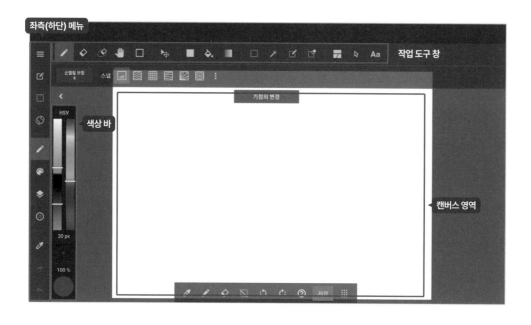

② 처음 시작 화면(로그인, 가입)

메디방페인트 앱에 접속하면 로그인 화면이 뜬다. 메일 주소나 구글 계정 등으로 간단하게 로그인할 수 있다. 로그인하면 클라우드 서비스를 활용할 수 있지만 클라우드 서비스를 이용하지 않고 기기에 파일을 저장하며 사용할 예정

이라면 아래 [Skip] 버튼을 눌
러서 로그인 없이 이용할 수도
있다.

③ 새로운 캔버스 만들기

[새로운 캔버스]를 누르면 그림을 그릴 수 있다.

■1 **새로운 캔버스** : 작업할 새로운 캔버스를 만들어 준다. 제일 많이 사용하는 버튼이다.

■2 **이전 편집 작품** : 최근 편집하던 작품을 불러올 수 있다.

■3 **마이 갤러리** : 내가 작업한 프로젝트들을 불러올 수 있다.

■4 **도서관** : 메디방페인트 사용자들이 제공하는 다양한 정보를 볼 수 있다.

■5 **타임랩스** : 작업하는 화면 장면이 녹화된 영상을 확인할 수 있다.

　　　　(캔버스 사이즈 작성할 때 타임랩스 사용 버튼을 누르면 녹화된다.)

④ 사이즈 지정하기

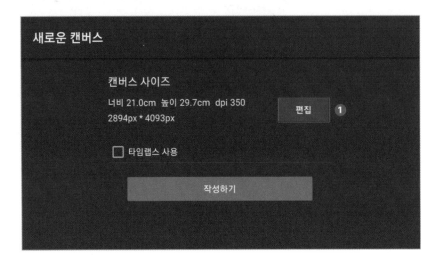

● **편집** : 편집 버튼을 누르면 캔버스 크기를 지정할 수 있다.

② **캔버스 너비, 높이 지정** : 원하는 cm를 입력하거나 px(Pixel)을 선택할 수 있다. 픽셀(Pixel)은 색을 표시하는 가장 작은 단위로, 디지털드로잉할 때 보편적으로 800~2,000픽셀을 추천한다.(최대 20,000)

③ **dpi(해상도)** : 해상도는 1인치마다 표시되는 점의 수이다. dpi가 높을수록 그림이 선

명해지며 용량이 커진다. 지정된 대로(350) 두는 걸 권장한다.(디지털용 72dpi, 인쇄용 350dpi)

❹ **용지 크기로 설정** : A4, A5, B5, B6, 엽서(100×148mm) 등의 지정된 사이즈를 선택할 수 있다.

> **Tip**
>
> 사이즈를 선택하기 어려울 때는 평소에 우리 눈에 익숙한 A4(210X297mm) 사이즈를 선택하는 것을 추천한다. 그림을 그리면서 크기가 어느 정도 될지를 예측하고 캔버스 사이즈를 수정할 수 있다.

　캔버스 크기를 지정했으면 하단에 [OK] 버튼을 누르고 [작성하기]를 누르면 캔버스가 만들어진다.

⑤ 기본 기능 익히기

1 기본 기능(상단)

※ 아이패드, 삼성갤럭시탭 등 기종에 따라 아이콘 위치나 모양이 조금 다를 수도 있다.
하지만 직관적인 모양이라 쉽게 확인할 수 있다.

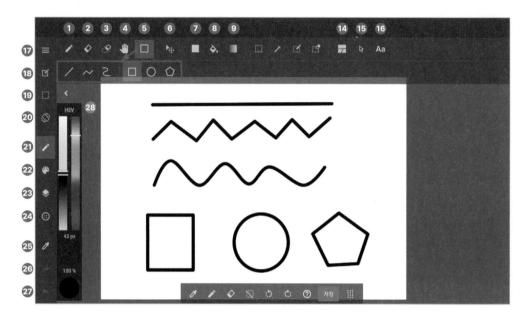

❶ 🖊 **브러시** : 캔버스에 그림을 그리기 위한 툴. 브러시 색깔, 투명도, 굵기, 종류를 변
경하기 위해선 팔레트㉒에서 조작해야 한다.

❷ ◈ **지우개** : 캔버스의 그림을 지우는 툴이다.

❸ ▨ **선택 지우개** : 선택한 영역을 자동으로 지워주는 툴이다.

❹ ✋ **손바닥** : 화면을 움직여 줄 수 있는 툴이다. 자주 사용하지는 않는다.

❺ ⬛ **도형** : 직선, 곡선, 사각형, 원, 다각형 등의 도형을 그려 주는 툴이다. 화면에 드래
그했다가 놓아주면 도형이 그려진다.(곡선, 다각형은 화면에 터치를 해 주고 마지막에
[확정] 버튼을 눌러 줘야 함.)

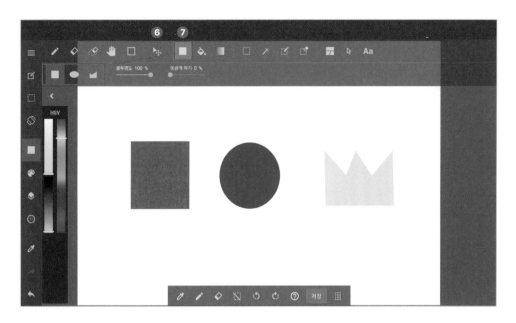

⑥ 🔧 **이동** : 레이어에 그려진 내용(그림, 텍스트)을 이동시키는 툴이다.

⑦ ⬛ **채우기** : 지정된 색으로 채워진 사각형, 원, 다각형 등을 작성하는 툴이다.

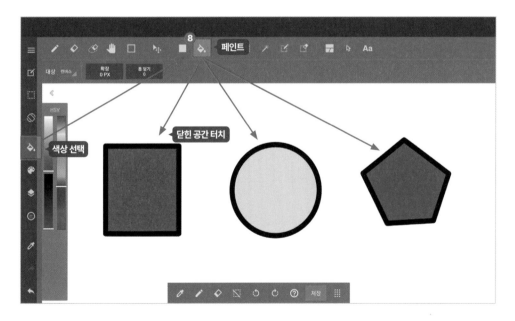

⑧ 🪣 **버킷(페인트)** : 선으로 둘러싸인 공간을 한 번에 색칠해 주는 툴이다.(선이 꼭 닫혀 있어야 색이 채워진다.)

⑨ ⬜ **그러데이션** : 직선 또는 원형의 그러데이션을 작성하는 툴이다. 시작 색상과 끝 색상을 지정하고 화면을 드래그해 주면 그러데이션이 만들어진다. 배경 화면을 만들 때 주로 사용된다.

⑩ ⬚ **선택** : 특정 부분을 선택하는 툴이다. +,-버튼으로 복수 선택, 부분 해제가 가능하다.

⑪ 🪄 **자동 선택** : 선으로 에워싼 곳을 자동으로 선택하는 도구다.

⑫ 🖊 **선택 펜** : 펜 툴을 사용하여 선택 범위를 작성하는 도구다.

⑬ 🖊 **선택 지우개** : 작성된 선택 범위를 지우는 도구다.

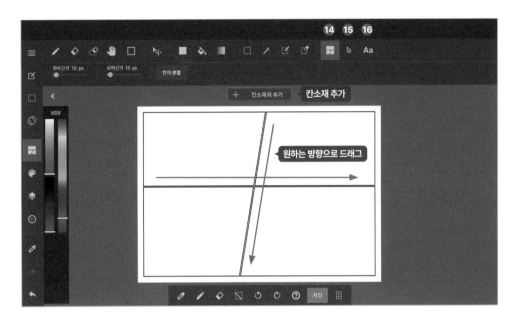

⑭ **칸 나누기** : 만화용 칸을 작성하는 도구다. [+칸 소재의 추가]를 누르고 외곽의 선을 작성한 후, 칸의 끝과 끝을 드래그하면 칸을 나눌 수 있다.

⑮ **조작** : 칸 나누기 툴로 작성한 칸을 조작하는 도구다.

⑯ Aa **텍스트** : 캔버스 안에 텍스트(문자)를 입력하는 도구다.

2 기본 기능(좌측)

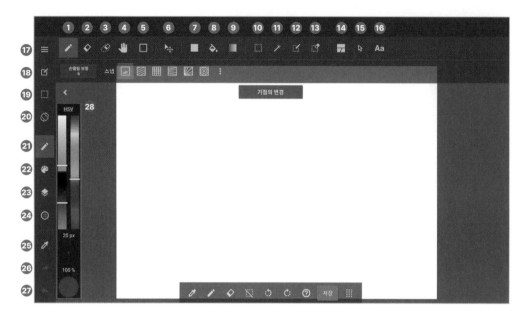

⑰ **≡ 메뉴** : 저장, 새로 저장, PNG/JPG 형식으로 엑스포트 등 다양한 메뉴를 사용할
수 있는 버튼이다. 저장을 누르면 프로젝트가 저장되어 다음에 편집할 수 있으며 PNG,
JPG 형식으로 엑스포트 눌러야 갤러리에 그림이 저장된다.

Tip ＼ **저장 방식(PNG, JPG)**

① PNG(투과)로 저장하면
그림 부분만 저장된다.

② JPG로 저장하면 배경까
지 함께 저장된다.

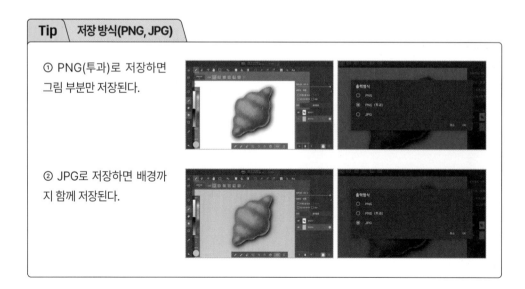

⓲ ☑ **캔버스 설정** : 캔버스 회전 및 좌우 반전, 작업 중 캔버스 크기 변경, 캔버스 자르기 등의 설정을 할 수 있다.

⓳ ⬚ **선택 및 변형** : 캔버스에 있는 모든 객체 또는 일부를 선택해 줄 수 있고, 확대/축소, 모양을 변형해 줄 수 있는 도구다. 그린 그림의 크기를 조절해 줄 때 자주 사용된다.

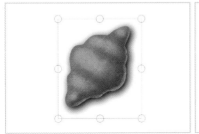 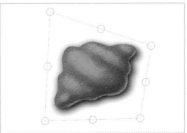

⓴ ◎ **화면 회전** : 캔버스를 회전하거나 좌우 반전해 줄 수 있다.

㉑ ✎ **브러시** : 캔버스에 그림을 그리기 위한 툴. 브러시 색깔, 투명도, 굵기, 종류를 변경하기 위해선 팔레트㉒에서 조작해야 한다.

㉒ 🎨 **팔레트** : 브러시 색깔, 투명도, 굵기, 종류를 바꿀 수 있어서 가장 많이 사용되는 도구다.

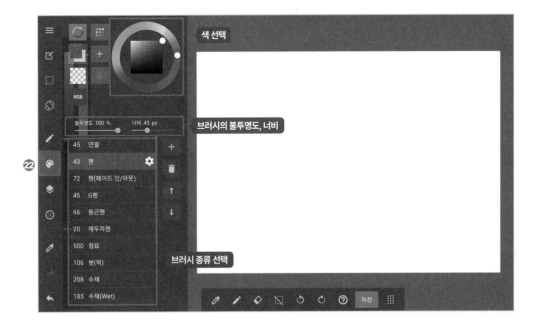

㉓ 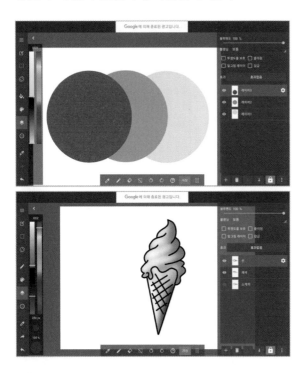 **레이어** : 가장 중요한 도구로 작업이 이루어지는 층(layer)을 뜻한다. 투명 필름 여러 장에 그림을 나눠 그리고 합친 것처럼 레이어를 추가하며 작업한다. 스케치, 선, 채색하기를 각각 다른 레이어에 하면서 작업하면 특정 부분을 지워도 다른 레이어에는 영향을 주지 않아 안전하게 작업할 수 있다.

▦ 버튼으로 레이어 추가(컬러 레이어 추가 권장), 이미지 추가, 카메라 촬영해서 추가가 가능하다.

⋮ 버튼으로 레이어 복제, 클리어 등이 가능하다.

🗑 버튼으로 레이어를 삭제할 수 있다.

↑ ↓ 버튼으로 레이어를 다른 레이어 위로, 아래로 위치를 변경해 줄 수 있다.

Tip

① 그림 그릴 때 레이어를 정확히 선택해야 한다. 그렇지 않으면 수정할 때 불편함을 겪을 수 있다.

② 상단 레이어에 있는 그림은 하단 레이어의 그림을 덮는다는 것을 생각하면서 작업하면 된다.

㉔ ⊕ **소재** : 메디방페인트를 로그인해서 사용하는 경우 다양한 타일, 질감, 스케치 등을 다운로드해서 사용할 수 있다.

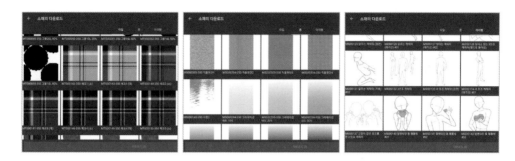

㉕ ✎ **스포이트** : 화면에 있는 색을 터치하면 바로 터치한 색을 선택할 수 있는 기능이다.

㉖ ➜ **재실행** : 실행 취소 버튼의 반대 기능으로 실행 취소로 되돌린 단계를 원래대로 재실행하는 기능이다.

㉗ ← **실행 취소** : 마지막 실행을 취소하고 이전으로 되돌리는 툴이다. 지우개로 지우는 것보다 훨씬 쉽게 이전으로 되돌릴 수 있다.

㉘ **색상 바** : 브러시의 색상, 명도, 채도를 바로 선택할 수 있는 기능이다. 하단의 원을 누른 상태에서 상하로 화면을 드래그해 주면 브러시의 굵기와 불투명도를 조절할 수도 있다. 팔레트㉒에서 더 쉽게 조작할 수 있지만 신속한 작업을 위해 색상 바를 이용하기도 한다.

⑥ 메디방페인트 꿀팁

알아 두면 편리한 제스처

① 캔버스 확대·축소

화면에 두 손가락을 대고 벌리면 캔버스가 확대되고, 모으면 캔버스가
축소된다.

② 캔버스 돌리기

화면에 두 손가락을 대고 돌려 주면 캔버스가 돌아간다.

③ 활동 취소

화면에 두 손가락을 동시에 터치하면 이전 활동이 취소된다.

④ 활동 재실행

화면에 세 손가락을 동시에 터치하면 취소된 활동이 재실헹된다.

02 메디방페인트로 사회 문화재 그리기

　메디방페인트 앱으로 사회(5학년)에 나오는 문화재를 그리는 활동이다. 메디방페인트의 다양한 기능을 익힌 후 할 수 있는 활동으로 학생들은 선, 도형, 채색 등의 기능을 활용하며 사회 시간에 배운 문화재를 그림 파일로 그릴 수 있다. 학생들은 자신이 정한 문화재를 그리면서 미술과 타 교과를 관련지어 주제를 표현하는데 흥미를 가질 수 있고, 디지털 매체 활용 능력을 향상할 수 있다. 또한 메디방페인트의 기능을 이해하고 자기 생각을 자유롭고 창의적으로 표현하면서 자기 주도적 미술 학습 능력과 창의·융합 능력을 신장시킬 수도 있다.

① 성취 기준

• 관찰과 상상으로 아이디어를 떠올려 표현 주제를 구체화할 수 있다.

• 기본적인 표현 재료와 용구의 특성을 이해하고 사용 방법을 익힐 수 있다.

• 조형 요소의 특징을 자유롭게 탐색하며 주제 표현에 알맞게 활용할 수 있다.

• 표현 의도를 가지고 작품을 제작하며 자기 작품을 소중히 여길 수 있다.

• 미술과 타 교과를 관련지어 주제를 표현하는 데 흥미를 가질 수 있다.

• 다양한 방법으로 아이디어를 연결하여 확장된 표현 주제로 발전시킬 수 있다.

• 디지털 매체 등 다양한 표현 재료와 용구를 탐색하며 작품 제작에 활용할 수 있다.

• 조형 요소의 어울림을 통해 조형 원리를 이해하고 주제 표현에 연결할 수 있다.

• 주제 표현에 의지를 갖고 표현 과정을 돌아보며 작품을 발전시킬 수 있다.

• 미술과 타 교과의 내용과 방법을 융합하는 활동을 자유롭게 시도할 수 있다.

• 작품 감상에 흥미를 가지고 참여하며 작품에 대한 자신의 감상 관점을 존중할 수 있다.

• 다양한 방법을 활용하여 작품을 감상하며 작품에 관한 서로 다른 관점을 존중할 수 있다.

메디방페인트로 사회 문화재 그리기 활동을 통해 학생들은 2022 개정 교육과 정 '표현 영역' 성취 기준 대부분의 항목을 달성할 수 있다. 또한 후속 차시로 감 상 활동을 추가한다면 '감상 영역' 성취 기준도 달성할 수 있다.

학생들은 메디방페인트(Medibang Paint)로 사회에 나오는 문화재를 그려 보는 활동을 하면서 미술과 타 교과를 관련지어 주제를 표현하는 데 흥미를 가 질 수 있고 여러 과목을 융합해서 자신만의 창작물을 만들어 내는 창의·융합적 사고를 향상할 수 있다. 자신이 생각한 문화재를 디지털 매체를 활용해 그려 보 는 과정에서 사회나 과학, 창의 체험 등의 여러 가지 과목에 나오는 내용을 언제 든지 디지털드로잉으로 표현할 수 있다는 자신감을 갖게 될 것이고, 다양한 분 야와 융합해서 미적 가치를 창출하는 능력을 갖게 될 것이다.

또한 조형 요소와 조형 원리를 생각하며 자신의 생각을 창의적으로 표현할 수 있으며 표현 의도를 가지고 작품을 제작하며 자기 작품을 소중히 여기는 마음 을 가질 수도 있다. 문화재의 형태, 명암, 색채 등을 자기 주도적으로 변형하면 서 '조형 요소'의 특징을 자유롭게 탐색할 수 있고(3, 4학년 성취 기준), 문화재 의 무늬 모양, 화면 배치 방법 등을 생각하며 '조형 원리'를 이해하고 주제 표현 에 연결할 수도 있다.(5, 6학년 성취 기준)

그리고 디지털 매체인 메디방페인트 앱을 미술 수업에 적극적으로 활용하며 학생들은 신체와 사고, 시간과 공간의 경험을 확장하면서 디지털 시대에 필요 한 소양을 기를 수 있다. 2022 개정 교육과정에서는 미술 활동에 있어서 디지털 매체 활용을 적극적으로 권장하고 있는데, 학생들은 디지털드로잉 경험을 통해 언제 어디서든 자신의 생각을 표현하고 공유할 수 있는 디지털 매체 활용 능력 을 갖게 될 것이다.

② 수업 흐름도

필수 메디방페인트(Medibang Paint) 기초 기능 익히기(전 차시)
1~2차시 : 메디방페인트(Medibang Paint) 기초 기능 익히기

메디방페인트(Medibang Paint)로 사회 문화재 그리기 ★본 차시★
3~4차시 : 메디방페인트(Medibang Paint)로 사회 문화재 그리기

작품 감상 및 그림 파일 활용하기(후속 활동)
5~6차시 : 패들렛에 그림 파일 올리고 감상하기
그림 파일 활용해 후속 활동하기(출력 및 굿즈 제작 등)

　메디방페인트 기초 기능을 익혔다면 바로 사회 문화재 그리기 활동을 시작하면 된다. 만약 본 수업을 메디방페인트 첫 수업으로 계획했다면 앞서 소개한 [메디방페인트 둘러보기]로 1~2차시 정도의 기초 기능 익히기 수업을 추가 편성하길 추천한다. 학생들이 기본적인 브러시, 채색, 도형 그리기 등의 기능을 숙지하고 있어야 더 쉽게 따라 그릴 것이다.

　본 차시에서 학생들은 사회(5학년 한국사 등) 시간에 배운 문화재 중 그림으로 표현하고 싶은 문화재를 선택하고 직접 패드로 그려 보는 활동을 하게 된다. 메디방페인트의 다양한 기능을 활용하면 문화재 형태 그리기, 채색하기, 명암 넣기 등의 표현을 쉽고 빠르게 할 수 있다. 또한 그림을 그리다가 실수해도 되돌리기, 재실행하기 기능을 이용해 금방 수정할 수 있어서 미술에 자신이 없었던 학생들도 표현 활동에 자신감을 갖고 적극적으로 참여할 수 있다.

　메디방페인트로 문화재를 그린 후 후속 차시로 작품 감상 및 그림 파일 활용하기 활동을 계획할 수도 있다. 학생들이 직접 제작한 문화재 그림 파일을

PNG, JPEG 등의 확장자로 갤러리에 저장한 뒤 패들렛에 업로드하고 친구들과 함께 감상하는 활동을 할 수 있다. 학생들은 친구들이 그린 다양한 문화재를 감상하며 다양한 생각을 공유할 수 있다. 또한 제작한 그림 파일을 다양한 방법으로 활용할 수 있는데, 출력해서 학급 환경 정리, 조사 발표 수업 등에 이용할 수도 있고, 그림 파일을 굿즈 제작 사이트에 업로드해서 여러 가지 굿즈(컵, 티셔츠, 에코백 등)를 제작할 수도 있다.

③ 차시별 수업 과정 상세히 살펴보기

3~4차시 : 메디방페인트로 사회 문화재 그리기

■ 메디방페인트를 실행하고, [새로운 캔버스]를 눌러 준다. 구글이나 픽사베이 등에서 원하는 문화재 그림을 검색하고 다운로드한다.

2 캔버스 사이즈 [편집]을 누르고, 너비, 높이를 각각 2,000px로 설정하고 [OK]를 누른다.

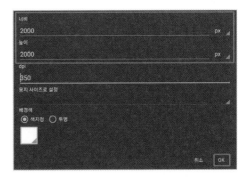

3 [작성하기]를 눌러 준다.

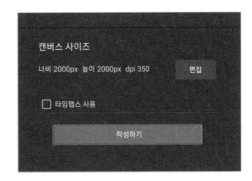

4 다음과 같이 캔버스가 생성된다.

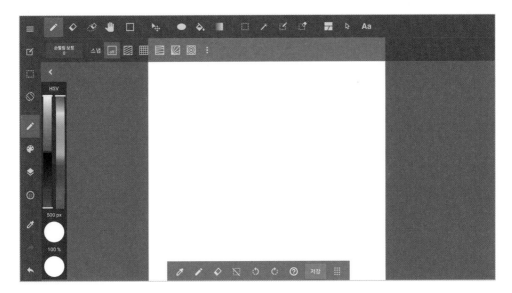

5 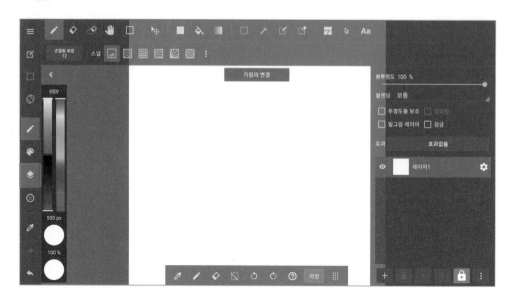 레이어를 눌러 준다.

6 레이어 하단의 [➕버튼]-[이미지 선택 후 추가]를 눌러 준다.

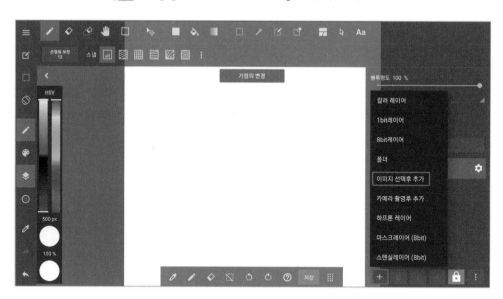

7-1 **7-2** 다운로드한 문화재 사진을 선택해 주면 화면에 나타난다. 화면 하단의 [각도], [배율] 바를 이용해 화면에 적절히 배치해 주고 [확정] 버튼을 눌러 준다.

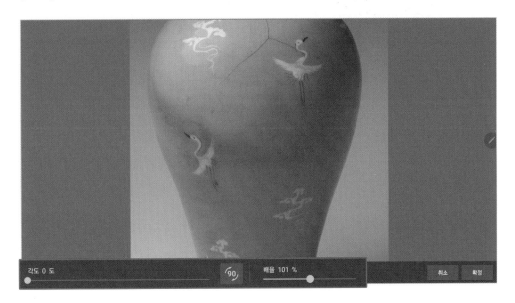

8 '선화를 추출할까요?'라는 질문이 나오면 [아니요]를 눌러 준다.

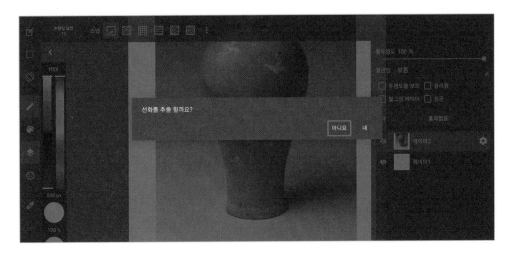

> **Tip**
>
> 픽사베이(www.pixabay.com)에서는 저작권이 무료인 다양한 사진들을 다운로드할 수 있다.

9 화면에 문화재 그림이 추가된다.

10 불투명도 바를 이용해 문화재 그림의 불투명도를 낮춰 준다.

11-1 11-2 [➕ 버튼]-[컬러 레이어]를 눌러 준다. 문화재 사진 레이어 위에 새로운 레이어가 추가된다.

12 화면 왼쪽 🎨팔레트를 누르고 ❶검은색, ❷불투명도 100, 너비 13px, ❸펜을 선택한다.

13 문화재의 외곽선을 따라서 선을 그린다.

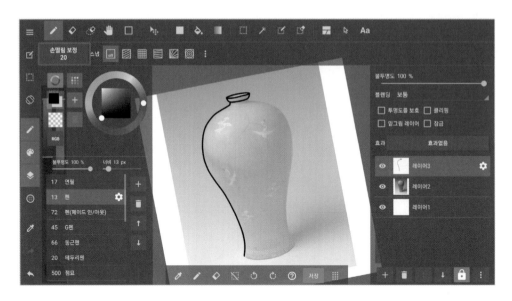

14 상단의 ▢도형 툴(직선, 지그재그, 곡선, 도형 등)을 이용하면 편리하게 직선과 지그재그 등을 그릴 수도 있다. 己곡선을 선택하고 화면을 터치해 주면 선이 만들어진다. 생성된 원을 드래그하면 곡선 모양을 수정할 수도 있다.

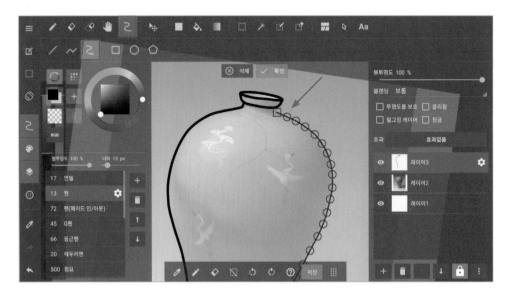

15 곡선을 따라 터치해 준 뒤 확정 버튼을 누르면 곡선이 완성된다.

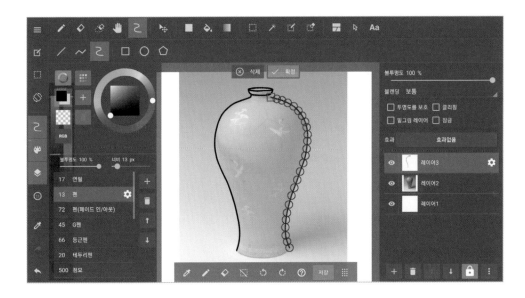

16 외곽선을 완성한다.

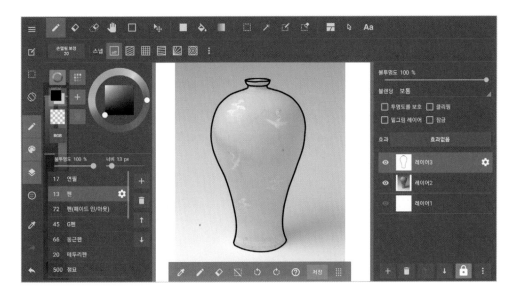

17-1 **17-2** 문화재 사진 레이어를 선택하고, [➕ 버튼]-[컬러 레이어]를 누른다.

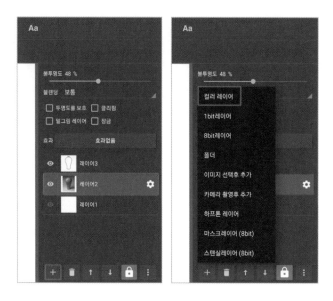

18 외곽선 레이어와 사진 레이어 사이에 레이어가 하나 추가된다. 여기에 채색을 한다.

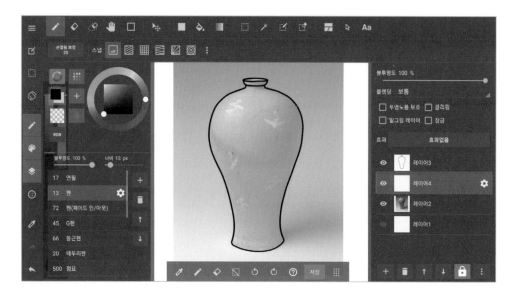

19 채색을 위해 사진 레이어 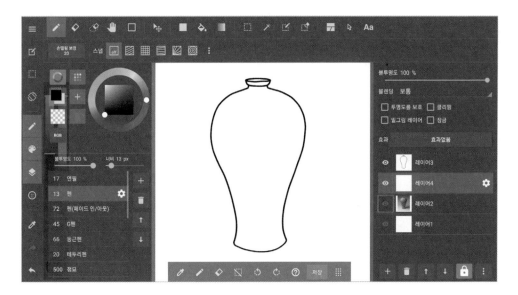 눈모양 깜빡이를 꺼 준다.

20 색깔을 정하고, 🪣버킷(페인트) 툴을 선택한다. 외곽선 안쪽을 터치해 주면 채색된다. 외곽선이 닫혀 있어야 채색이 가능하다.

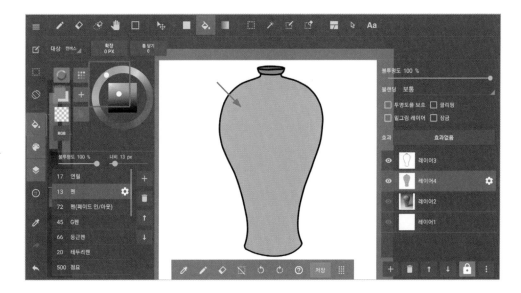

21-1 21-2 채색 레이어를 선택하고 [+버튼]-[컬러 레이어]를 눌러서 상단에 레이어를 하나 추가해 준다. [클리핑] 버튼을 눌러 준다.

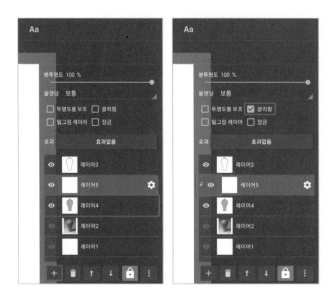

22 상단 ✎브러시툴을 눌러 준다. 🎨팔레트를 누르고 ❶더 어두운 색, ❷불투명도 15, 너비 500px, ❸에어브러시를 선택해 준다.

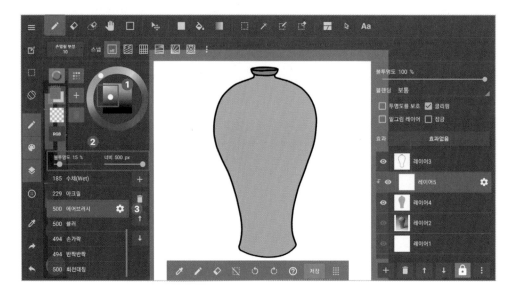

☒ 문화재의 명암을 표현해 준다. 먼저 고려청자 오른쪽, 아래쪽에 어두운 부분을 표현해 준다. 클리핑 레이어는 아래 영역을 벗어나지 않아서 쉽게 명암을 표현할 수 있다.

☒ 흰색을 선택하고 밝은 왼쪽 상단 부분과 아래쪽 역광 부분을 표현해 준다.

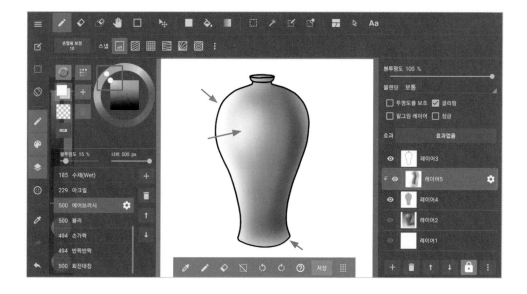

25-1 **25-2** 외곽선 레이어를 선택하고 [➕버튼]-[컬러 레이어]를 눌러서 상단에 무늬를
그릴 레이어 하나를 추가해 준다.

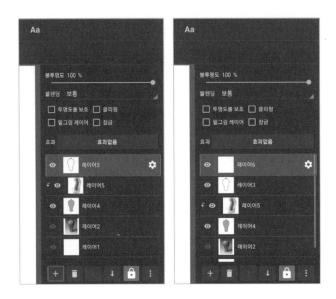

26 채색 레이어, 클리핑 레이어 👁 눈모양 깜빡이를 잠시 꺼 준다.

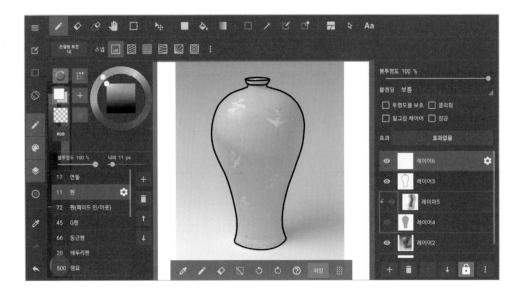

27 고려청자 무늬를 참고해서 펜으로 학이나 나무 등을 그려 준다.

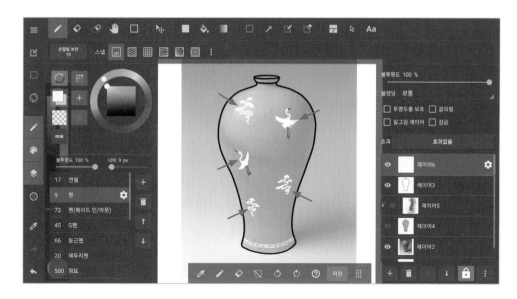

28 클리핑 레이어, 채색 레이어 눈모양 깜빡이는 켜고, 사진 레이어 눈모양 깜빡이는 꺼 주면 고려청자 그림이 나타난다.

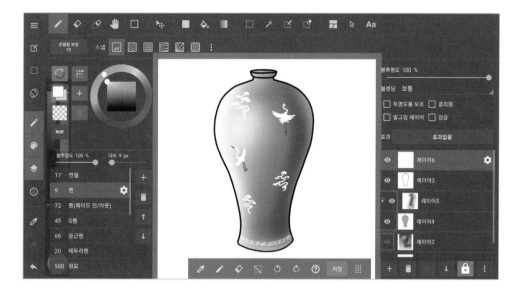

29 무늬 레이어 불투명도를 낮추어 주면 고려청자가 더욱 자연스러워 보인다.

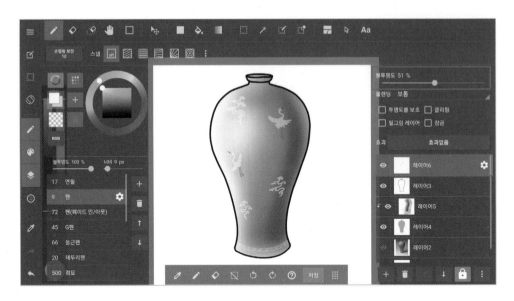

30-1 **30-2** ≡ [메뉴]-[PNG/JPG 형식으로 엑스포트]-PNG(투과)를 누르면 배경은 저장되지 않고 문화재 부분만 갤러리에 저장된다.

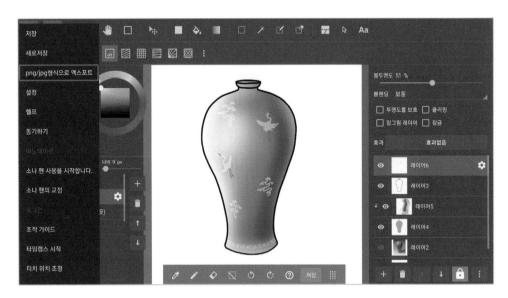

31-1 31-2 제일 아래쪽 레이어에 버킷(페인트) 툴을 이용해 배경색을 칠하고 ☰[메뉴]-[PNG/JPG 형식으로 엑스포트]-JPEG를 누르면 배경까지 저장된다.

32 그러데이션 배경은 상단 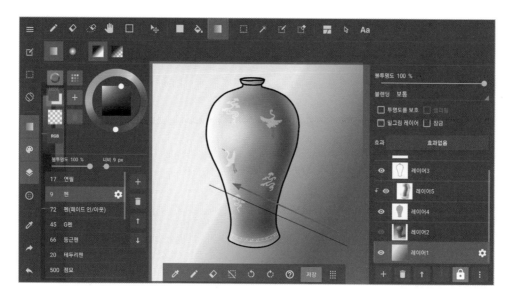그러데이션 툴을 선택하고 시작 색상과 끝 색상을 지정해 준다. 화면을 다양한 방향으로 드래그해 주면 원하는 방향으로 그러데이션이 만들어진다.

33 학생들이 작업한 결과물을 패들렛에 업로드해서 함께 감상할 수도 있다.

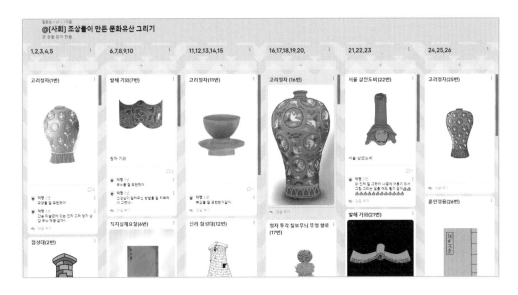

④ 학생 작품 예시

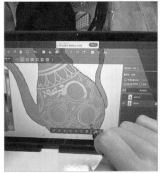

03 메디방페인트로 행성 그리기

메디방페인트 앱을 활용해서 행성(5학년 과학)을 그려 보는 활동이다. 메디방페인트 기초 기능을 연습한 이후 배운 기능들을 연습해 볼 수 있는 활동으로 학생들은 원의 '형태'를 그리고 행성의 모습을 여러 가지 '선'과 '색'으로 표현할 수 있다. 5학년 과학 시간에 학습한 '태양계의 행성' 내용을 바탕으로 자기가 표현하고 싶은 행성을 선택하고, 다양한 조형 요소와 조형 원리를 활용해 행성의 특징을 표현하는 과정에서 학생들은 미술과 다른 과목을 관련지어 주제를 표현하는 데 흥미를 가질 수 있다. 또한 제작한 행성 그림 파일을 패들렛 등에 공유해서 함께 조사 발표 수업 등에 이용하고, 출력해서 교실 환경을 꾸미거나, 다양한 굿즈 제작(컵, 티셔츠, 에코백 등) 등에 활용하며 디지털 시대에 필요한 소양을 기를 수 있다.

① 성취 기준

· 관찰과 상상으로 아이디어를 떠올려 표현 주제를 구체화할 수 있다.

· 기본적인 표현 재료와 용구의 특성을 이해하고 사용 방법을 익힐 수 있다.

· 조형 요소의 특징을 자유롭게 탐색하며 주제 표현에 알맞게 활용할 수 있다.

· 표현 의도를 가지고 작품을 제작하며 자기 작품을 소중히 여길 수 있다.

· 미술과 타 교과를 관련지어 주제를 표현하는 데 흥미를 가질 수 있다.

· 다양한 방법으로 아이디어를 연결하여 확장된 표현 주제로 발전시킬 수 있다.

· 디지털 매체 등 다양한 표현 재료와 용구를 탐색하며 작품 제작에 활용할 수 있다.

· 조형 요소의 어울림을 통해 조형 원리를 이해하고 주제 표현에 연결할 수 있다.

· 주제 표현에 의지를 갖고 표현 과정을 돌아보며 작품을 발전시킬 수 있다.

· 미술과 타 교과의 내용과 방법을 융합하는 활동을 자유롭게 시도할 수 있다.

행성 그리기는 2022 개정 교육과정 3~6학년 표현 영역 성취 기준 대부분의 항목을 달성할 수 있는 활동이다. 학생들은 메디방페인트(Medibang Paint)라는 디지털 매체(앱) 사용법을 익히고 행성을 그리는 데 기능을 활용하면서 신체와 사고, 시간과 공간의 경험을 확장하며 디지털 시대에 필요한 소양을 기를 수도 있다. 언제 어디서나 디지털 매체로 자신이 필요한 이미지를 생산할 수 있다는 자신감을 가질 수 있고 시각적 소통 능력, 창의·융합 능력, 자기 주도적 미술 학습 능력을 신장시킬 수 있을 것이다.

또한 행성 그리기 활동을 통해 미술과 타 교과를 관련지어 주제를 표현하는 데 흥미를 가질 수 있다. 과학 시간에 배운 내용을 바탕으로 자기 주도적으로 행성의 특징을 표현하는 과정에서 학생들은 표현 활동에 흥미를 갖게 되고 다양한 교과에 있는 내용을 자신만의 방법으로 표현해 보고 싶다는 욕구를 느끼게 될 것이다.

그리고 표현 의도를 가지고 작품을 제작하며 자기 작품을 소중히 여길 수 있다. 행성의 형태, 명암, 색채 등을 자기 주도적으로 변형하면서 '조형 요소'의 특징을 자유롭게 탐색할 수 있고(3, 4학년 성취 기준), 행성 표면의 무늬를 자신만의 방식으로 화면에 배치하며(균형, 조화 등) '조형 원리'를 이해하고 주제 표현에 연결할 수도 있다.(5, 6학년 성취 기준) 학생들은 자기 의도에 따라 주도적으로 제작한 작품에 의미를 부여하고 소중히 여기는 태도를 갖게 될 것이다.

② 수업 흐름도

> **필수** 메디방페인트(Medibang Paint) 기초 기능 익히기(전 차시)
> **1~2차시** : 메디방페인트(Medibang Paint) 기초 기능 익히기(선, 채색, 도형 등)

> 메디방페인트(Medibang Paint)로 행성 그리기 ★본 차시★
> **3~4차시** : 메디방페인트(Medibang Paint)로 행성 그리기

> 행성 파일을 활용해 제작 활동 하기(후속 활동)
> **5~6차시** : 그림 파일을 활용해 제작 활동하기
> 출력해서 교실 환경 정리, 조사 발표 수업 자료로 제작, 굿즈(컵, 티셔츠) 제작 등

메디방페인트 기초 기능을 익혔다면 바로 행성 그리기 활동을 시작하면 된다. 만약 본 수업을 메디방페인트 첫 수업으로 계획했다면 앞서 소개한 [메디방페인트 둘러보기]로 1~2차시 정도의 기초 기능 익히기 수업을 추가 편성하는 것을 추천한다. 학생들이 메디방페인트의 기본적인 브러시, 채색, 도형 그리기 등의 기능을 숙지하고 있어야 더 쉽게 따라 그릴 것이다.

본 차시에서 학생들은 도형 그리기 툴을 이용해 간단하게 원을 그리고 '클리핑 레이어' 기능을 활용해 원 안에 행성의 명암, 질감, 색채 등을 넣어보는 활동을 하게 된다. 과학 시간에 배운 행성의 특징을 바탕으로 조형 요소(선, 형, 색)와 조형 원리(균형, 조화 등)를 활용해 자기 주도적으로 행성을 표현할 수 있다. 메디방페인트 앱을 이용하면 취소와 재실행을 쉽게 할 수 있고, 도형 그리기, 채색하기 기능도 편리하게 이용할 수 있어서 그림 그리는 것에 자신감이 없었던 학생들도 즐겁게 활동에 참여할 수 있다.

후속 활동으로는 제작한 행성 그림 파일을 패들렛, 구글 공유 문서 등에 업로

드하고 친구들과 감상하는 활동을 할 수 있다. 또한 제작한 그림 파일을 이용해 조사 발표 수업 자료로 활용할 수도 있고, 출력해서 교실 환경 정리 등에 활용할 수도 있다. 그리고 그림 파일로 다양한 굿즈(컵, 티셔츠, 에코백 등)를 제작하며 진로 교육 및 메이커 교육 등을 연계해서 교육과정을 운영할 수도 있다.

③ 차시별 수업 과정 상세히 살펴보기

3~4차시 : 메디방페인트로 행성 그리기

1 메디방페인트를 실행하고, [새로운 캔버스]를 눌러 준다.

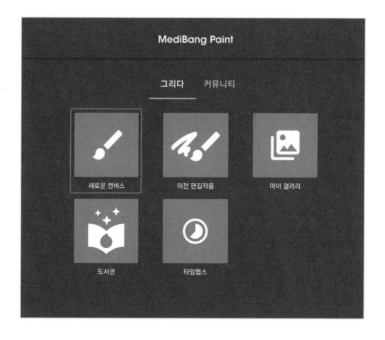

2-1 2-2 캔버스 사이즈 [편집]을 누르고, 너비, 높이를 각각 2,000px로 설정하고 [OK]
를 누른다.

3 [작성하기]를 눌러 준다.

4-1 4-2 화면이 나오면 왼쪽의
팔레트를 누르고 행성의 색을 선택해
준다. 추후 어두운 색으로 명암 표현
을 할 예정이기에 처음에는 조금 밝
은색을 선택하는 것이 좋다.

5 화면 상단의 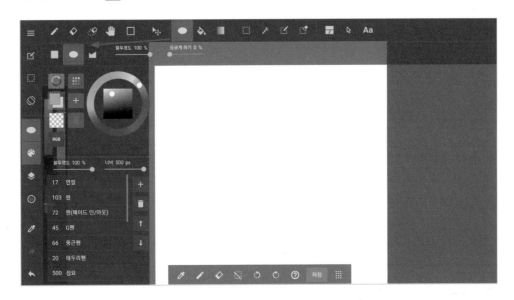채우기 툴을 선택하고 원을 선택한다.

6 화면 좌측 상단에서 우측 하단으로 펜을 대고 드래그하면 원이 완성된다.

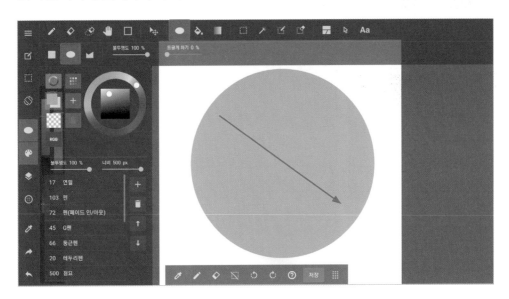

Tip

원 위치를 옮기고 싶으면 상단 이동 툴을 이용하면 된다.

7 왼쪽의 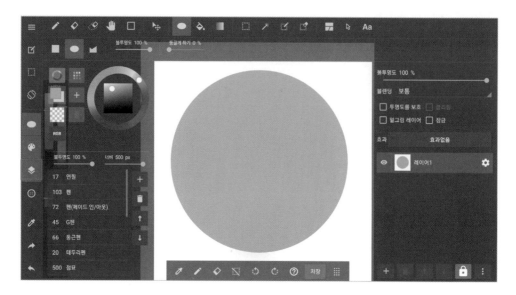 레이어를 눌러 준다.

8-1 8-2 레이어가 뜨면 [+버튼]-[컬러 레이어]를 눌러 준다.

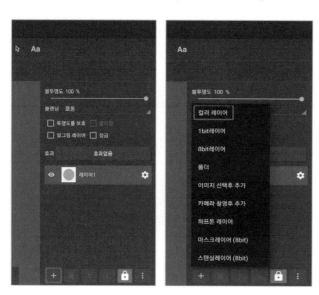

9-1 **9-2** [클리핑] 체크해 주면 추가된 상단 레이어가 아래 레이어를 벗어나지 않는다는 화살표 표시가 뜬다.

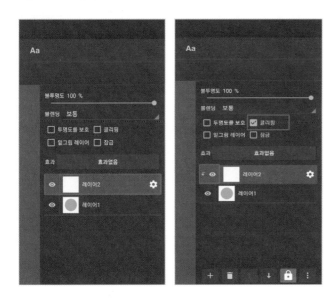

10 왼쪽 ![팔레트 툴][팔레트 툴]-[에어브러시]를 선택해 준다.

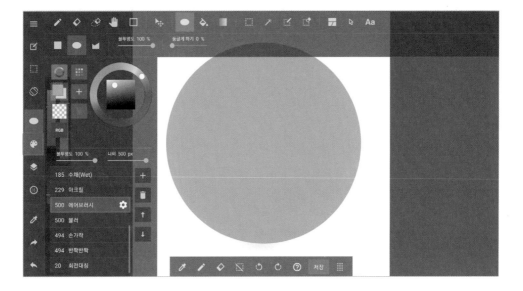

11 명암을 그려 주기 위해 행성 색깔보다 명도가 더 낮은 어두운색을 선택해 준다.

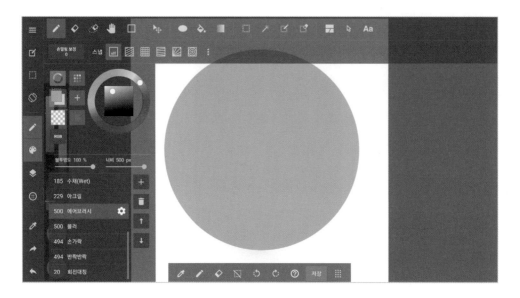

12 가로 바를 이용해 펜의 불투명도를 낮추고, 너비를 최대 크기로 조절한다.

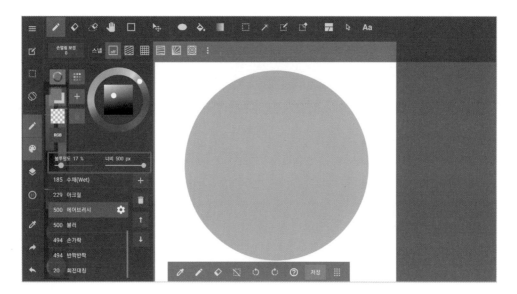

13 클리핑 레이어를 선택하고 펜으로 행성의 어두운 부분을 표현해 준다.

(1시에서 9시 방향까지 칠하기)

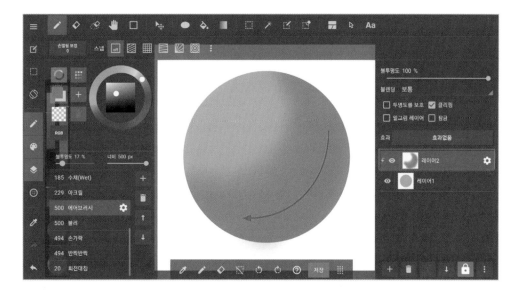

14 명도가 더 낮은 어두운색을 선택해서 어두운 부분을 더 강조해서 표현해 준다.

(3시에서 8시 방향까지 칠하기)

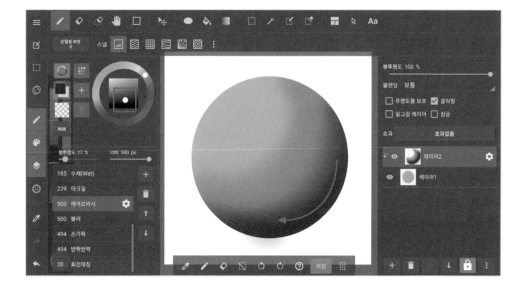

15 흰색을 선택하고 밝은 부분과 역광 부분을 표현해 준다.

(9시~12시, 3시~6시 방향)

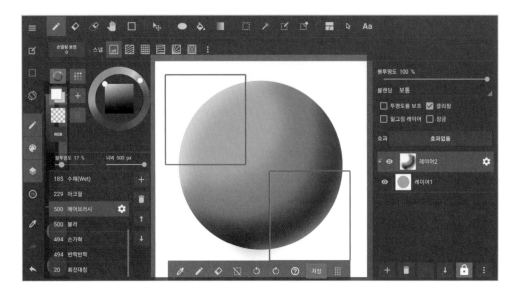

16 행성 가운데 왼쪽 상단 부분 쪽에 밝은 부분을 표현해 준다.

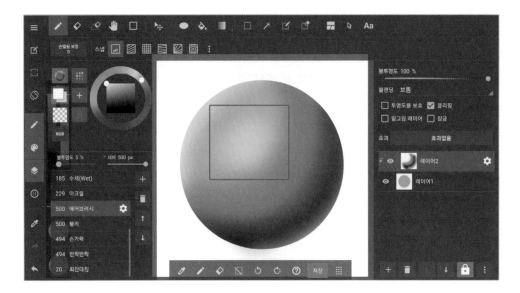

17-1 **17-2** 레이어에서 [+버튼]-[컬러 레이어]를 눌러 준다. 위쪽에 클리핑 레이어가 하나 더 생긴다.

18 새로 생긴 클리핑 레이어를 선택하고 행성을 꾸며 준다. 회색이나 갈색, 흰색 등을 선택해서 좌우로 칠해 주면서 행성 표면을 표현할 수 있다.

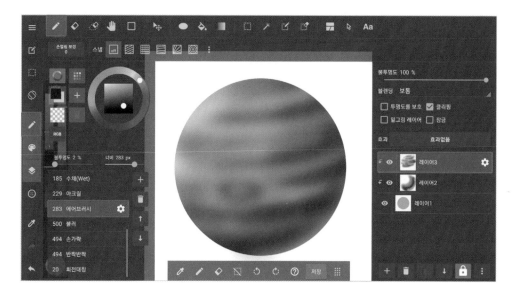

19 [메뉴]-[저장]을 누르면 프로젝트가 저장된다.

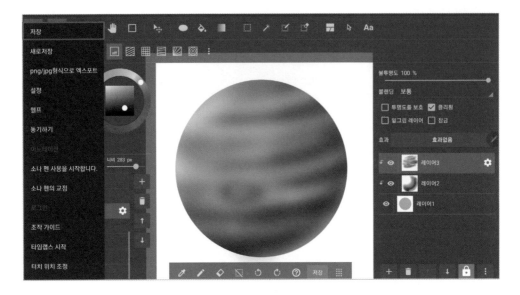

20 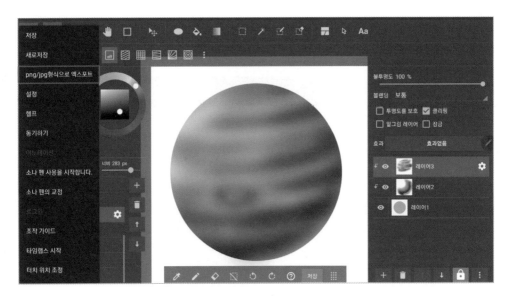 [메뉴]-[PNG/JPG 형식으로 엑스포트]를 눌러 준다.

21-1 **21-2** ≡[메뉴]-[PNG/JPG 형식으로 엑스포트]-PNG(투과)를 누르면 배경은 저장되지 않고 객체(행성) 부분만 갤러리에 저장된다.

22-1 **22-2** ≡[메뉴]-[PNG/JPG 형식으로 엑스포트]-JPG를 누르면 배경 부분까지 갤러리에 저장된다.

04 메디방페인트로 로고 만들기

메디방페인트 회전대칭 브러시를 활용해 자신이 생각한 로고를 제작하는 활동이다. 학생들은 이 활동을 통해 메디방페인트 기초 기능을 익히고 브러시 선택하기, 도형 그리기, 채색하기 기능 등을 활용해 쉽게 로고를 그릴 수 있다. 메디방페인트 앱을 사용하면 선, 형, 색 수정을 쉽게 할 수 있고, 실수했을 때 언제든지 되돌리기 기능을 사용할 수 있기에 학생들로 하여금 표현에 대한 부담감을 덜어 주고 미술 활동에 대한 자신감을 심어줄 수 있다. 후속 차시를 확보하면 자신이 제작한 로고 그림 파일을 패들렛 등의 공유 사이트에 업로드해서 친구들과 함께 감상하거나 로고를 스티커 등으로 제작해 보는 활동도 할 수 있다.

1 성취 기준

· 관찰과 상상으로 아이디어를 떠올려 표현 주제를 구체화할 수 있다.

· 기본적인 표현 재료와 용구의 특성을 이해하고 사용 방법을 익힐 수 있다.

· 조형 요소의 특징을 자유롭게 탐색하며 주제 표현에 알맞게 활용할 수 있다.

· 표현 의도를 가지고 작품을 제작하며 자기 작품을 소중히 여길 수 있다.

· 미술과 타 교과를 관련지어 주제를 표현하는 데 흥미를 가질 수 있다.

· 다양한 방법으로 아이디어를 연결하여 확장된 표현 주제로 발전시킬 수 있다.

· 디지털 매체 등 다양한 표현 재료와 용구를 탐색하며 작품 제작에 활용할 수 있다.

· 조형 요소의 어울림을 통해 조형 원리를 이해하고 주제 표현에 연결할 수 있다.

· 주제 표현에 의지를 갖고 표현 과정을 돌아보며 작품을 발전시킬 수 있다.

· 미술과 타 교과의 내용과 방법을 융합하는 활동을 자유롭게 시도할 수 있다.

학생들은 메디방페인트로 로고를 그려 보는 활동을 통해서 디지털드로잉(디지털 매체)의 기능과 표현 방법을 탐색하여 작품 제작에 활용할 수 있다. 2022 개정 교육과정에서는 표현과 소통의 도구로 디지털 매체를 적극적으로 활용하길 권장하고 있는데, 학생들이 메디방페인트를 이용해 자기 생각을 구체화하는 과정에서 디지털 시대에 필요한 소양을 자연스럽게 기르게 될 것이다.

또한 로고 그리기 활동을 통해 학생들은 관찰과 상상으로 아이디어를 떠올려 표현 주제를 구체화하고(3, 4학년), 다양한 방법으로 아이디어를 연결해 확장된 표현 주제로 발전시킬 수도 있다(5, 6학년). 대상의 특징을 관찰하고 추상화하여 모든 사람들이 알아볼 수 있는 이미지를 제작하는 과정에서 학생들은 자기 주도적으로 미술 활동에 참여하게 될 것이고, 창의·융합, 심미적 감성 역량 등을 기를 수 있을 것이다.

그리고 표현 의도를 가지고 로고를 제작하며 자기 작품을 소중히 여기는 태도를 가질 수 있다. 메디방페인트의 다양한 기능을 활용해 창의적으로 로고를 제작하는 과정에서 학생들은 성취감을 느끼고 자기가 제작한 작품에 대한 애정을 느낄 수도 있다. 미술을 매개로 주도적으로 사고하고 표현하며, 자신의 작품을 소중히 여기는 태도를 갖는다면 학생들은 2022 개정 교육과정에서 표방하는 '자신과 세계를 이해하고 미술 문화 창조에 주도적으로 참여하는 사람'으로 성장하게 될 것이다.

② 수업 흐름도

필수 메디방페인트(Medibang Paint) 기초 기능 익히기(전 차시)

1~2차시 : 메디방페인트(Medibang Paint) 기초 기능 익히기

메디방페인트(Medibang Paint)로 로고 그리기 ★본 차시★

3~4차시 : 메디방페인트(Medibang Paint)로 로고 그리기

작품 감상 및 그림 파일 활용하기(후속 활동)

5~6차시 : 패들렛에 그림 파일 올리고 감상하기

그림 파일 활용해 후속 활동하기(출력 및 굿즈 제작 등)

메디방페인트 기초 기능을 익혔다면 바로 로고 그리기 활동을 시작하면 된다. 만약 본 수업을 메디방페인트 첫 수업으로 계획했다면 앞서 소개한 [메디방페인트 둘러보기]로 1~2차시 정도의 기초 기능 익히기 수업을 추가 편성하길 추천한다. 학생들이 메디방페인트의 기본석인 브러시, 채색, 도형 그리기 등의 기능을 숙지하고 있어야 더 쉽게 따라 그릴 것이다.

본 차시에서 학생들은 메디방페인트 회전대칭 브러시를 이용해 원하는 로고 형태를 그리고, 채색 툴을 이용해 색상, 명도, 채도를 조정해 로고 안을 채색하는 활동을 한다. 메디방페인트를 이용하면 취소와 재실행을 쉽게 할 수 있고, 도형 그리기, 채색하기 기능도 편리하게 이용할 수 있어서 그림 그리는 것에 자신감이 없었던 학생들도 즐겁게 활동에 참여할 수 있다. 또한 학생들은 자기 주도적으로 조형 요소(선, 형, 색)와 조형 원리(균형, 조화 등)를 활용해 자신이 생각한 로고를 창의적으로 표현할 수 있다.

후속 활동으로는 제작한 로고 그림 파일을 패들렛, 구글 공유 문서 등에 업로

드하고 친구들과 감상하는 활동을 할 수 있다. 또한 제작한 그림 파일을 이용해 다양한 굿즈(컵, 티셔츠, 에코백 등)를 제작하며 자기 주도적 미술 학습 및 창의·융합 능력 등을 신장할 수도 있다. 또한 디지털드로잉을 활용해 그림 파일을 제작하고 활용하며 진로 교육 및 메이커 교육 등을 연계해서 교육 과정을 운영할 수도 있다.

③ 차시별 수업 과정 상세히 살펴보기

3~4차시 : 메디방페인트로 로고 그리기

1 메디방페인트를 실행하고, [새로운 캔버스]를 눌러 준다.

2-1 **2-2** 캔버스 사이즈 [편집]을 누르고, 너비, 높이를 각각 2,000px로 설정하고 [OK]를 누른다.

3 [작성하기]를 눌러 준다.

4 다음과 같이 캔버스가 생성되었다.

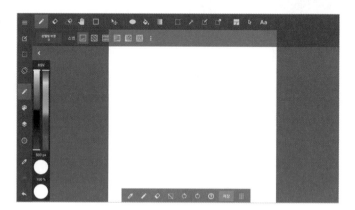

5 화면이 나오면 왼쪽의 🎨팔레트를 누르고 ❶검은색, ❷불투명도 100, 너비 20px, ❸회전대칭을 선택해 준다.

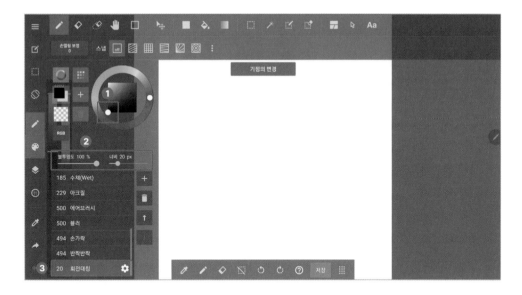

6 선을 반듯하게 그려 주기 위해 손떨림 보정 값을 올려 준다.(예시 : 손떨림 보정 12)

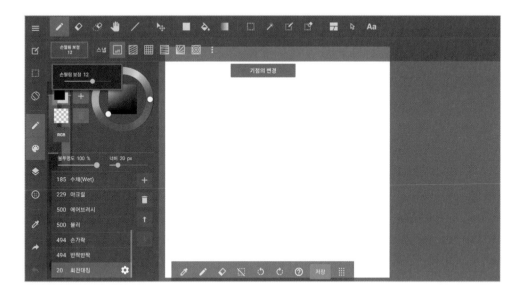

7-1 **7-2** **7-3** **7-4** 화면에 터치펜을 대고 모양을 그리면 대칭 형태로 그림이 그려진다. 다양한 로고를 그려 보자.(◀ 취소, ▶ 재실행)

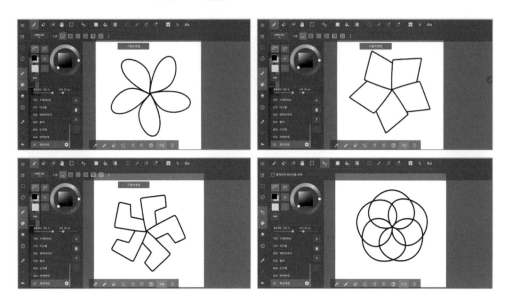

8 회전대칭 브러시 사용 중이므로, 상단의 ▣ 도형 툴(직선, 곡선, 사각형, 원 등)을 이용해 대칭 도형을 그릴 수 있다.

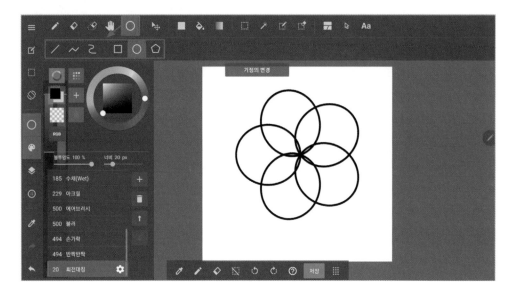

9 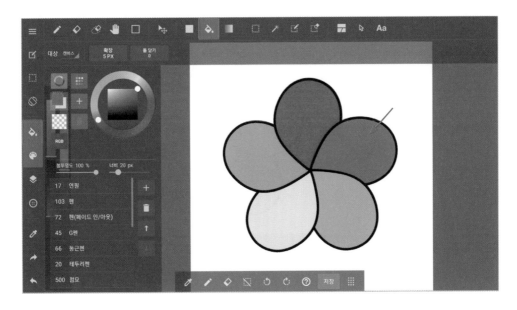 버킷(페인트) 툴을 이용해서 원하는 색으로 도형 안에 채색할 수 있다. 색을 선택하고 닫힌 영역 안에 터치해 준다.

10 색상, 명도, 채도 등을 조절해 가면서 내가 생각한 로고에 어울리는 색으로 채색해 준다.

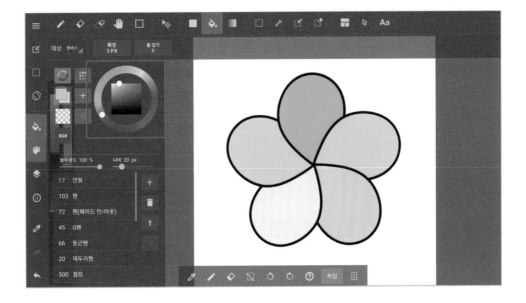

11 ☰ [메뉴]-[저장]을 누르면 프로젝트가 저장된다.

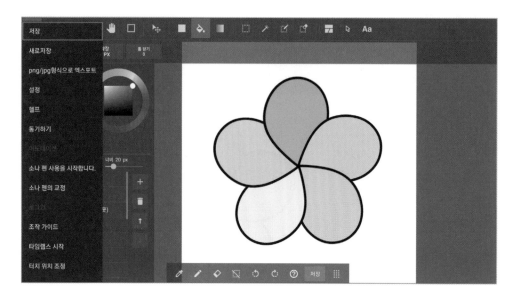

12 ☰ [메뉴]-[PNG/JPG 형식으로 엑스포트]를 눌러 준다.

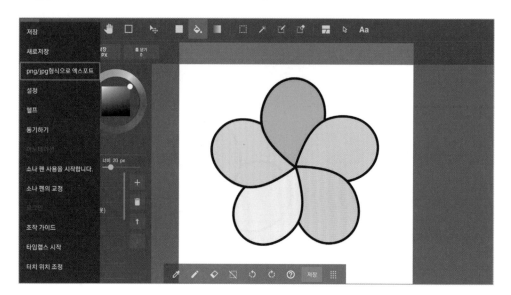

⑬ ≡ [메뉴]-[PNG/JPG 형식으로 엑스포트]-PNG(투과)를 누르면 배경은 저장되지 않고 로고 부분만 갤러리에 저장된다.

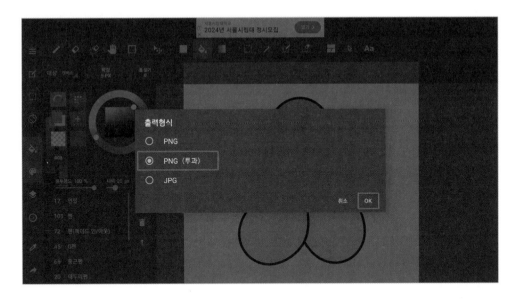

⑭ 로고 완성! 갤러리에서 저장된 로고를 확인 할 수 있다.

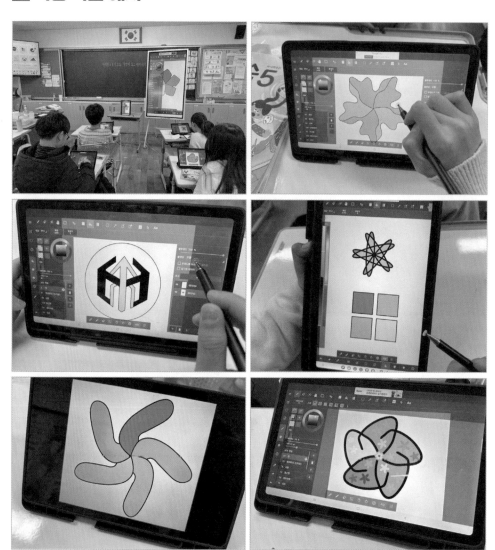

05 프로크리에이트 둘러보기

◆ **준비물** : 유료 결제 프로그램(1회 결제), iOS 기반의 아이패드, 아이폰(Procreate Pocket)
에서 사용 가능(Android, PC 이용 불가능)

◆ **프로그램 링크** : www.procreate.com

프로크리에이트(Procreate)는 호주에 본사를 둔 Savage Interactive Pty Ltd에서 개발한 아이패드, 아이폰용 디지털 페인팅 소프트웨어다. 오직 iOS 기반의 앱이어서 안드로이드에서는 사용할 수 없다. 아이패드, 아이폰에서만 사용할 수 있음에도 불구하고 높은 생산성과 완성도를 자랑해서 많은 초보자부터 전문 디자이너까지 폭넓은 수요의 사랑을 받는 앱이다. 프로크리에이트의 장점은 다음과 같다.

첫째, 다른 디지털드로잉 앱에 비해 월등히 많은 브러시를 제공하고 있다. 프로크리에이트는 130가지 이상의 브러시를 제공하고 있는데 스케치, 잉크, 페인팅, 에어브러시, 텍스처, 스프레이 등 수많은 브러시를 이용해 다양한 질감을 표현할 수 있다. 또한 프로크리에이트 홈페이지에서 작가들이 올려놓은 다양한 브러시를 추가로 다운로드할 수도 있고, 기존의 브러시를 수정해서 자신의 기호에 맞는 새로운 브러시를 언제든지 제작해서(Customizing) 사용할 수 있다는 장점도 있다. 브러시에 대한 선택의 폭이 넓어서 학생들이 독창적인 작품을 제작할 수 있다.

둘째, 화면 구성(UI)이 심플하고 직관적이어서 초보자도 편리하게 이용할 수 있다. 화면 구성이 복잡하지 않고 캔버스가 차지하는 면적이 대부분이어서 누구나 쉽게 앱 사용하는 방법을 익힐 수 있다. 또한 앱 자체의 반응 속도가 빠르고 필압 인식 기능이 뛰어나서 부드럽고 정교하게 표현할 수 있다.

셋째, 사용자들을 위해 다양한 기능을 제공하고 있다. 자동으로 직선, 곡선,

다각형, 원 등을 그릴 수 있고, 격자, 대칭 효과, 자동 색상 채우기(Color Drop) 등의 기능을 제공해서 누구나 쉽고 편리하게 작품을 제작할 수 있다. 또한 타임랩스를 통해 작업 내용을 녹화할 수 있고 작업 결과물을 PSD, PDF, JPEG, PNG, TIFF 등 다양한 확장자로 저장해서 공유할 수 있다. 그리고 애니메이션 어시스트 효과를 이용해 동영상도 제작할 수 있다. 이처럼 프로크리에이트의 다양한 장점을 살려 활용한다면 미술 교육 과정에 있는 내용을 창의적으로 재구성해서 수업할 수 있다.(상상의 세계 표현하기, 과일 그리기, 빈티지 포스터 만들기, 문자도 만들기, 오색 만다라 그리기, 낙서를 이용한 포장지 만들기, 움직이는 이모티콘 제작하기, 나만의 상품 로고 제작하기 등)

① 시작 전 준비

1 아이패드 드로잉 준비물

• 프로크리에이트(Procreate) 앱을 사용하기 위해선 '아이패드'와 '애플펜슬'이 필요하다. 아이패드에 따라 호환 가능한 애플펜슬이 정해져 있어서 확인해서 구입하면 된다.
• 아이폰으로도 프로크리에이트 포켓(Procreate Pocket)이라는 앱을 설치하면 아이폰용 펜슬을 이용해서 그림을 그릴 수 있다. 하지만 화면이 커야 쉽게 그림을 그릴 수 있기에 아이패드를 사용하는 것을 추천한다.

2 프로크리에이트 다운로드

앱스토어에서 프로크리에이트(Procreate)를 설치하면 된다. 처음 다운로드할 때 한 번 비용이 발생하지만 (2024년 기준 19,000원, 변경 가능) 업데이트가 가능하고 기기를 변경해도 그대로 사용할 수 있다. 다른 드로잉 앱들은 구독제로 매달 금액을 지불하는 경우도 많아서 프로크리에이트 구입 비용은 상대적으로 저렴한 편이다.

② 처음 시작 화면(갤러리)

프로크리에이트를 실행하면 작업했던 프로젝트들을 한눈에 볼 수 있는 [갤러리]가 뜬다. 처음 사용할 때는 작업물이 없다.

❶ 오른쪽 상단 [+]를 누르면 새로운 캔버스를 만들 수 있다.

❷ 스크린 크기, 핸드폰 배경 크기, A4용지, 정사각형 등의 캔버스를 바로 선택해서 사용할 수 있다.

사용자 지정 캔버스를 제작할 수 있지만 특정한 크기 지정이 필요 없는 경우 보통 제공된 캔버스를 선택하는 것이 쉽고 편리하다.(초보라면 스크린 크기, 사각형, A4 추천)

❸ [새로운 캔버스] 글자 오른쪽의 [+] 버튼을 누르면 원하는 크기와 해상도의 캔버스를 불러올 수 있다(사용자 지정 캔버스). 다음과 같은 화면이 나온다.

Tip

보통 ❶ 크기의 '너비와 높이'만 지정하고 특별한 경우를 제외하곤 나머지 버튼은 그대로 두는 것을 추천한다.

❶ 크기

· **제목 없는 캔버스** : 캔버스 제목 작성하는 곳으로 터치해서 수정할 수 있다.

· **너비, 높이** : 캔버스의 가로, 세로 길이다. 화면 아래쪽 창에서 밀리미터, 센티미터, 인치, 픽셀 등 원하는 길이로 바꾸어 줄 수 있다.

· **DPI** : 캔버스의 해상도(1인치마다 표시되는 점의 숫자)를 뜻한다. 숫자가 클수록 그림이 선명해지고 용량도 커진다.(웹용 72dpi, 인쇄용 300dpi 이상)

· **최대 레이어수** : 캔버스의 크기와 해상도에 따라 최대로 제작할 수 있는 레이어 개수를 알 수 있다. 캔버스 크기가 커질수록 최대 레이어수는 줄어든다.

· **색상 프로필** : 보통 웹용 그림은 [RGB], 인쇄용 그림은 [CMYK]를 사용한다.

· **타임랩스 설정** : 그림 그리는 과정을 자동으로 녹화해 주는 타임랩스 기능의 품질과 용량을 설정할 수 있다.

· **캔버스 속성** : 캔버스 배경 색상과 배경을 투명하게 설정할지 여부를 결정해 줄 수 있다.

③ 프로크리에이트 기본 기능 익히기

1 그리기 메뉴

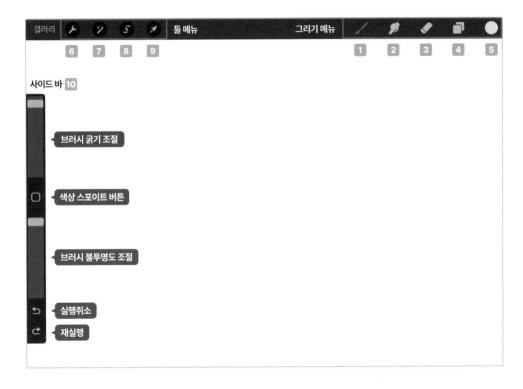

① ✏️브러시(Brush)

· 다양한 종류의 브러시가 있다. 하나씩 눌러서 화면에 자유롭게 선을 그려 보면서 마음에 드는 브러시를 정하면 된다.

· 모든 브러시를 사용할 필요는 없다. 사용하다 보면 자신에게 맞는 브러시를 찾을 수 있다.

· 사이드바(10) [상단 바]로 브러시 굵기, [하단 바]로 브러시 불투명도를 조절할 수 있다. 상하로 움직이면서 브러시를 자유자재로 사용해 보자.

Tip \ 펜 추천

· **굵기가 일정한 선** : [서예]-[모노라인] (가장 많이 사용)
· **스케치 느낌의 선** : [스케치]-[6B 연필] 등
· **넓은 면 색칠할 때** : [페인팅]의 브러시들
· **부드러운 명암 표현할 때** : [에어브러시]
· **질감 있는 명암 표현할 때** : [스케치]-[소프트파스텔, 오일파스텔 등]

---

② ✏️**스머지(Smudge)** : 캔버스의 그림을 문지르는 효과다. 색을 자연스럽게 섞어 주거나 그러데이션 효과를 만들어 줄 때 사용한다.

③ ✏️**지우개(Erase)** : 지우개를 이용해 그림을 지울 수 있다. 다양한 브러시 모양으로 그림을 지울 수 있고 좌측 사이드바(10)를 이용해 굵기와 불투명도를 조절해 줄 수도 있다.

④ 🔲**레이어(Layers)** : 가장 중요한 도구로 작업이 이루어지는 층(layer)을 뜻한다. 투명 필름 여러 장에 그림을 나눠 그리고 합친 것처럼 레이어를 추가하며 작업한다.

스케치, 선, 채색하기를 각각 다른 레이어에 하면서 작업하면 특정 부분을 지워도 다른 레이어에는 영향을 주지 않아 안전하게 작업할 수 있다.

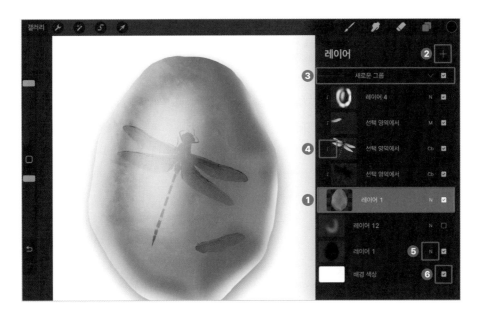

❶ **레이어** : 작업이 이루어지는 층

❷ **+버튼** : 레이어를 추가할 수 있다.

❸ **레이어 그룹** : 레이어들을 하나씩 오른쪽으로 밀어 주고 '그룹 버튼'을 누르면 하나의 그룹으로 지정된다.(그룹 전체를 동시에 움직이거나 복제 등이 가능하다.)

❹ **클리핑 마스크** : 레이어를 한 번 터치하고 [클리핑 마스크]를 눌러 주면 지정된 아래 영역 안쪽에만 그림이 그려진다.(명암, 질감 표현 등에 사용한다.)

❺ **N** : [블렌딩 모드]로 곱하기, 색상 번, 색상 닷지 등 다양한 효과를 적용할 수 있다.

❻ **체크박스** : 체크박스를 꺼 주면 해당 레이어는 보이지 않는다. 다시 켜 주면 레이어가 보인다.

> **Tip**
>
> 배경 체크박스를 꺼 주고, PNG로 저장하면 배경을 제외한 그림 부분만 저장된다. 필요한 그룹만 체크박스를 켜 놓고, 나머지는 다 꺼 준 상태로 저장해서 활용할 수 있다.

5 ⬛ **색상(Colors)** : 색상을 선택할 수 있는 툴. 디스크, 클래식, 하모니, 값, 팔레트 등으로 색을 지정해 줄 수 있다.

2 툴 메뉴

6 🔧 동작(Actions)

· **추가(중요)** : 파일, 사진, 텍스트 등을 추가할 수 있다.

· **캔버스** : 캔버스 정보 확인, 크기 변경 등 가능

· **공유(중요)** : 그림을 다양한 방식으로 내보내거나 공유할 수 있다.(JPEG, PNG, PDF, PSD 등)

· **비디오** : 그림 그리는 과정을 녹화하거나 다시 보는 기능이다.

· **설정** : 사용자가 자신에게 맞게 인터페이스를 설정할 수 있다.

7 🪄 조정(Adjustments)

· **색조, 채도, 밝기(중요)** : 하단의 바를 이용해 그림의 색조, 채도, 밝기를 바로 바꿔 줄 수 있다. 색상이 마음에 들지 않으면 언제든 쉽게 바꾸어 줄 수 있는 편리한 기능이다.

· **가우시안 흐림 효과** : 화면에 손가락을 대고 오른쪽 왼쪽으로 움직여 주면 그림이 흐려지거나 선명해진다. 그림자를 그릴 때 유용하게 사용되는 기능이다.

· **움직임 흐림 효과** : 화면에 손가락을 대고 특정 방향으로 움직여 주면 움직임 효과가 나타난다. 대상의 움직임을 표현해 줄 수 있다.

· **픽셀 유동화** : 그림을 다양한 방법으로 비틀어 줄 수 있다.(밀기, 비틀기 등) '마블링'과 비슷한 우연적인 효과를 표현할 때 유용한 기능이다.

8 ⑤ **변형(Transforms)** : 선택한 객체의 위치, 크기, 기울기 등을 조절하는 기능이다.(파란점 드래그 : 크기 조절, 녹색점 드래그 : 각도 조절)

9 ⬀ **선택(Selections)** : 특정 영역을 선택해서 채색 및 복제 등을 할 수 있는 기능. 영역을 지정하고 [복사 및 붙여넣기]를 지정된 부분이 새로운 레이어로 만들어진다.

❶ **자동** : 영역을 자동으로 선택해 줌. 경계가 분명할 때 유용하다.

❷ **올가미** : 펜슬로 직접 영역을 지정해서 선택한다.

❸ **직사각형** : 직사각형 모양으로 영역을 선택해 준다.

❹ **타원** : 타원 모양으로 영역을 선택해 준다.

3 사이드 바

🔟 사이드바

[상단 바] : 상하로 움직이며 브러시 굵기 조절

[색상 스포이트] : 가운데 네모를 누르고 화면을 터치하면 터치한 부분의 색상을 자동으로 지정해 준다.

> **Tip**
>
> 색상 스포이트를 사용하지 않아도, 화면에 손가락 하나를 올리고 기다리면 자동으로 색상이 지정된다.

[하단 바] : 상하로 움직이며 브러시 불투명도를 조절

④ 프로크리에이트 꿀팁

1 알아 두면 편리한 제스처

① 캔버스 확대, 축소

화면에 두 손가락을 대고 손가락 사이를 멀게(확대), 가깝게(축소)
하면 된다.

② 캔버스 돌리기

화면에 두 손가락을 대고 돌려 주면 캔버스가 돌아간다.

③ 활동 취소

화면에 두 손가락을 동시에 터치하면 이전 활동이 취소된다.

④ 활동 재실행

화면에 세 손가락을 동시에 터치하면 취소된 활동이 재실행된다.

⑤ 레이어 동시에(다중) 선택

레이어를 하나씩 오른쪽으로 밀어주면 동시에 선택할 수 있다.

⑥ 레이어 합치기(병합)

합치고 싶은 레이어들을 위아래 방향으로 함께 꼬집어 주면 하나의
레이어가 된다.

2 알아두면 편리한 기능

◉ **퀵쉐이프(Quick Shape)** : 빠른 속도로 선이나 도형을 그리는 기능

· **직선** : 펜슬로 선을 그린 상태에서 펜슬을 떼지 않고 있으면 직선이 자동으로 그려진다. 펜을 떼지 않고 반대쪽 손가락 하나를 패드에 대면 수평, 수직선이 그려진다. 펜을 움직이면 선이 15도 각도로 움직인다.

7 레이어 불투명도 조절

레이어를 두 손가락으로 동시에 터치하고, 화면을 좌우로 쓸어 주면 불투명도를 조절할 수 있다.

8 복사 및 붙여 넣기

화면에 세 손가락을 동시에 대고 아래로 쓸어 주면 복사 및 붙여 넣기를 할 수 있다.

· **원** : 펜슬로 타원을 대충 그리고 펜슬을 떼지 않고 있으면 반듯한 타원이 완성된다. 펜슬을 떼지 않고 반대쪽 손가락 하나를 패드에 대면 원이 그려진다.

· **사각형, 삼각형** : 도형을 그려 준 상태로 펜슬을 떼지 않고 있으면 자동으로 선분이 직선이 된다. 펜을 떼지 않고 손가락 하나를 패드에 올리면 정사각형, 정삼각형 모양이 완성된다.

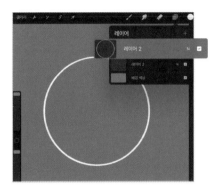
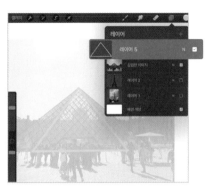

● 컬러드롭(Color Drop) : 채색을 빨리하는 기능

도형의 외곽선을 그리고 펜슬로 오른쪽 상단의 색깔을 드래그하듯이 도형 안에 끌어다 놓으면 자동으로 채색이 된다. 도형의 외곽선이 꼭 닫혀 있어야 채색이 된다.

● 저장 방법

1 JPEG : [동작]-[공유]-[JPEG]-[이미지저장] (그림을 배경까지 함께 저장할 수 있다.)

2 [동작]-[공유]-[PNG]-[이미지저장] (배경 체크박스를 꺼 주고, PNG로 저장하면 배경을 제외한 그림 부분만 저장된다. 필요한 그룹만 체크박스를 켜 놓고, 나머지는 다 꺼 준 상태로 저장해서 활용할 수 있다.)

● 작업 중 빠르게 색 선택하는 방법

1 왼쪽 바 가운데 네모 버튼을 누르고 화면을 터치해 주면 쉽게 색을 선택할 수 있다.

2 화면에서 원하는 색이 있는 곳에 손가락 하나를 올리고 기다리면 자동으로 색이 선택된다.

◉ 색상 디스크 안에서 색상 선택 방법

· **1시 방향 두 번 두드리기** : 원색

· **11시 방향 두 번 두드리기** : 흰색

· **6시 방향 두 번 두드리기** : 검은색

◉ 명도 더 낮은 색 선택하기

화면에서 원하는 색 부분에 손가락을 하나 올리고 있으면 색이 자동으로 선택된다. 색상 디스크에서 선택된 색을 기준으로 아래쪽으로 내려갈수록 색이 어두워진다. 이 방법으로 작업 중에 명도가 더 낮은 색상을 빠르게 선택할 수 있다.(명암, 질감 넣을 때 유용)

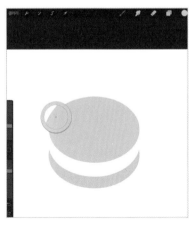

◉ 불투명도 빠르게 조절하기

레이어를 두 손가락으로 동시에 터치하고, 화면에 손가락을 대고 왼쪽, 오른쪽으로 움직이면 불투명도를 빠르게 조절할 수 있다.

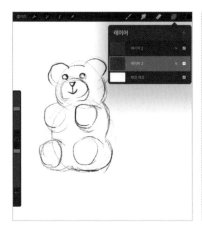

● 지우개 선택

지우개도 다양한 브러시 모양으로 선택해서 그림을 지울 수 있다.

1 **명확하게 지울 때** : 페인팅-납작 브러시/ 페인팅-둥근 브러시/ 서예-모노라인

2 **테두리를 흐릿하게 지울 때** : 스케치-소프트파스텔/ 스케치-오일파스텔(왼쪽 바를

이용해서 불투명도를 낮춘 상태로)

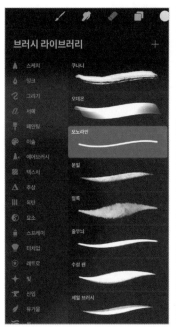
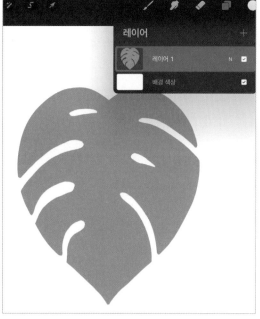

◉ 모양 변형

1 화살표-이동 : 펜으로 영역을 잡고 움직여 주면 영역이 이동한다.

2 화살표-크기 변경 : 파란점을 펜으로 잡고 드래그하면 크기가 변경된다.

3 화살표-각도 변경 : 녹색점을 잡고 좌우로 움직이면 각도가 바뀐다.

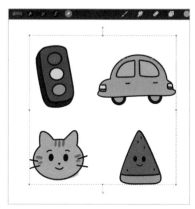 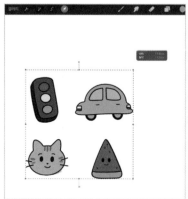

◉ 모양 변형 종류

1 화살표-자유 형태 : 모양을 자유롭게 변형할 수 있다.

2 화살표-균등 : 모양을 균등한 비율로 변형할 수 있다.

3 화살표-왜곡 : 모양을 뒤틀 듯이 쉽게 왜곡시킬 수 있다.

3 화살표-뒤틀기 : 모양 특정 부분을 선택해서 변형할 수 있다.

 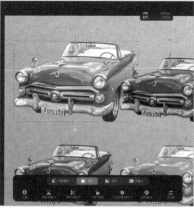

⦿ 글씨 수정

1 폰트 : '눈누' 사이트에서 다양한 폰트 다운로드 가능하다.

2 글씨 크기 : 글씨 상자 모서리 파란점을 드래그해서 수정 가능하다.

3 색깔 : 글씨를 더블 클릭해서 전체 선택한 후 오른쪽 상단의 색상 디스크로 수정 가능하다.

06 프로크리에이트로 과일 캐릭터 그리기

□ — ✕

◆ **준비물** : 아이패드, 애플펜슬, 프로크리에이트(Procreate) 앱(유료)

◆ **학년** : 중학년 이상 가능, 고학년 추천

◆ **영역** : 표현

◆ **소요 시간** : 2차시 구성

◆ **프로그램 사용 환경** : 앱스토어에서 1회 유료 결제 필요.(아이폰은 Procreate Pocket 앱 사용이 가능하다.)

◆ **프로그램 링크** : www.procreate.com

    프로크리에이트 앱을 활용해 과일 캐릭터를 그려 보는 활동이다. 프로크리에이트 기초 기능을 연습한 이후 앱 사용 숙련도를 높이는 데 도움이 되는 활동으로 학생들은 브러시 사용법, 채색 방법 등의 기능을 활용해 자기 생각을 표현하면서 자신감을 가질 수 있다. 먼저 녹색과 빨간색 보색으로 이루어진 귀여운 딸기 캐릭터를 따라 그리면서 다양한 기능을 익힐 수 있도록 하고, 후속 차시를 확보하면 학생들이 관찰력과 상상력을 동원해 다양한 종류의 과일 캐릭터들을 표현할 수 있다.

② 성취 기준

· 관찰과 상상으로 아이디어를 떠올려 표현 주제를 구체화할 수 있다.
· 기본적인 표현 재료와 용구의 특성을 이해하고 사용 방법을 익힐 수 있다.
· 조형 요소의 특징을 자유롭게 탐색하며 주제 표현에 알맞게 활용할 수 있다.
· 표현 의도를 가지고 작품을 제작하며 자기 작품을 소중히 여길 수 있다.

· 미술과 타 교과를 관련지어 주제를 표현하는 데 흥미를 가질 수 있다.

· 다양한 방법으로 아이디어를 연결하여 확장된 표현 주제로 발전시킬 수 있다.

· 디지털 매체 등 다양한 표현 재료와 용구를 탐색하며 작품 제작에 활용할 수 있다.

· 조형 요소의 어울림을 통해 조형 원리를 이해하고 주제 표현에 연결할 수 있다.

· 주제 표현에 의지를 갖고 표현 과정을 돌아보며 작품을 발전시킬 수 있다.

· 미술과 타 교과의 내용과 방법을 융합하는 활동을 자유롭게 시도할 수 있다.

   3~6학년 '표현 영역' 성취 기준 대부분의 항목을 달성할 수 있는 활동이다. 학생들은 아이패드 프로크리에이트(Procreate)라는 디지털 매체(앱) 사용 방법을 익히고 다양한 과일에 대한 관찰과 상상으로 아이디어를 떠올려서 과일 캐릭터를 표현할 수 있다. 조형 요소와 조형 원리를 생각하며 자기 생각을 창의적으로 표현할 수 있으며 표현 의도를 가지고 작품을 제작하며 자기 작품을 소중히 여기는 마음을 가질 수도 있다.

   또한 미술과 타 교과의 내용과 방법을 융합하는 활동을 구상할 수도 있다. 과일 캐릭터를 그리면서 앱 활용 능력이 신장되면, 실과나 창의 체험, 과학 등의 교과에 나오는 여러 가지 일러스트(캐릭터, 과일, 사물 등)를 추가로 그리고 수업에 다양한 방식으로 활용할 수도 있다.

   학생들은 디지털 매체를 활용해서 작품을 그리는 과정에서 신체와 사고, 시간과 공간의 경험을 확장하며 디지털 시대에 필요한 소양과 창의·융합 및 시각적 소통 역량 등을 기를 수 있다.

③ 수업 흐름도

필수 프로크리에이트(Procreate) 기초 기능 익히기(전 차시)

1~2차시 : 프로크리에이트(Procreate) 기초 기능 익히기(브러시, 채색 등)

프로크리에이트(Procreate)로 딸기 캐릭터 그리기 ★본 차시★

3~4차시 : 프로크리에이트(Procreate)로 딸기 캐릭터 그리기

다양한 과일 캐릭터 그리기(후속 활동)

5~6차시 : 다양한 과일 캐릭터 그리기(자유)

프로크리에이트 기초 기능을 익혔다면 바로 딸기 캐릭터 그리기 활동을 시작하면 된다. 만약 본 수업을 프로크리에이트 첫 수업으로 계획했다면 앞서 소개한 [프로크리에이트 둘러보기]로 1~2차시 정도의 기초 기능 익히기 수업을 추가 편성하길 추천한다. 학생들이 프로크리에이트의 기본적인 브러시, 채색, 도형 그리기 등의 기능을 숙지하고 있어야 더 쉽게 따라 그릴 것이다.

타원(딸기 몸통)과 다각형(딸기 꼭지) 형태로 이루어지고, 빨간색과 녹색의 보색으로 이루어진 딸기를 그리면서 학생들은 다양한 형태를 그리는 방법과 채색하는 방법을 자연스럽게 익히게 될 것이다. 그리고 다양한 브러시를 활용해 질감과 명암을 표현하는 과정에서 표현의 즐거움을 깨달을 수 있을 것이다.

또한 시간적 여유가 있다면 후속 활동으로 학생들이 그리고 싶은 과일 캐릭터 그리기 활동을 계획할 수 있다. 자기가 평소에 관찰했던 과일의 특성을 생각하며 창의적으로 과일 캐릭터 그리기 활동을 한다면 학생들은 시각적 소통 능력과 자기 주도적 미술 학습 능력을 신장할 수 있을 것이다.

4 차시별 수업 과정 상세히 살펴보기

3~4차시 : 프로크리에이트로 딸기 캐릭터 그리기

1 프로크리에이트를 실행하고, 오른쪽 상단의
+를 눌러 준다. 원하는 캔버스 사이즈를 선택
한다.(예시 : 사각형 2048 × 2048px)

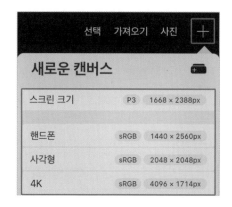

2 ✏1(브러시)-2(서예)-3(모노라인)을 선택
한다.

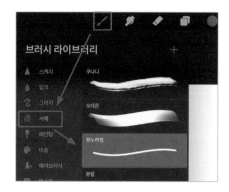

3-0 오른쪽 상단의 색상 원●을 눌러 주고 '디
스크'에서 빨간색을 선택해 준다.

> **Tip** │ **색상 디스크 참고 : 프로크리에이트 도입**
>
> 원안에서 1시 방향을 두 번 두드리면 원색, 11시 두
> 번 두드리면 흰색, 6시 두 번 두드리면 검은색이 선
> 택된다.

3-1 딸기 모양으로 테두리 선을 그려 준다.

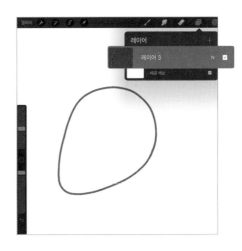

3-2 **3-3** 펜슬로 오른쪽 상단 원⬤안의 색을 누른 상태에서 드래그하듯이 모양 안으로 끌어다 놓는다.

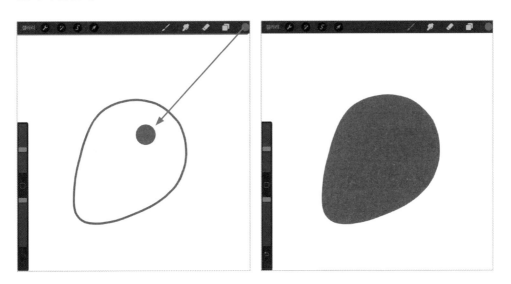

| Tip | 컬러드롭 |

도형의 외곽선을 그리고 펜슬로 오른쪽 상단의 색깔을 드래그하듯이 도형 안에 끌어다 놓으면 자동으로 채색이 된다. 도형의 외곽선이 꼭 닫혀 있어야 채색된다.

4-1 +버튼을 눌러서 상단에 레이어를 하나 더 추가해 준다.

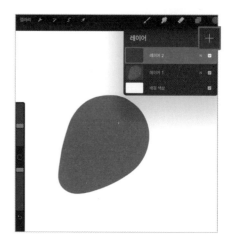

4-2 녹색을 선택하고 딸기 꼭지 테두리를 그려 준다.

4-3 펜슬로 오른쪽 상단 원 안의 녹색을 누른 상태에서 드래그하듯이 모양 안으로 끌어다 놓는다.(컬러드롭)

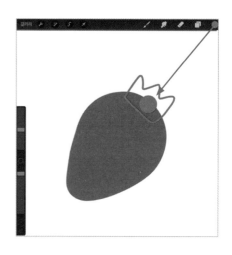

4-4 **4-5** 펜슬로 딸기 꼭지 레이어를 드래그해서 딸기 몸통 아래쪽으로 이동시켜 준다.

6-1 ❶ 딸기 꼭지 레이어를 선택한 상태에서 ❷ +버튼을 누르면 위쪽에 레이어가 하나 추가된다. ❸ 레이어를 한번 터치하고 ❹ [클리핑 마스크]를 눌러 준다.

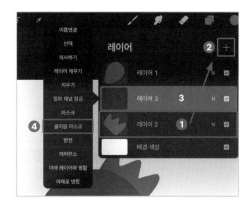

6-2 🖌 1(브러시)-2(스케치)-3(소프트파스텔)을 선택해 준다.
(소프트파스텔이 없는 경우, 오일파스텔, 미술 크레용, 보노보 분필 등을 선택해도 된다.)

6-3 딸기 꼭지 부분에 한 손가락을 대고 있으면 딸기 꼭지 색을 선택할 수 있다.

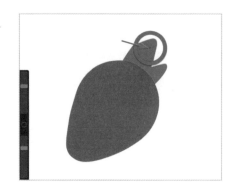

Tip ＼ 작업 중 빠르게 색 선택하는 방법

1. 화면에서 원하는 색이 있는 곳에 손가락 하나를 올리면 자동으로 색이 선택된다.
2. 왼쪽 바 가운데 네모 버튼을 누르고 화면을 터치해 주면 쉽게 색을 선택할 수 있다.

6-4 6-5 오른쪽 상단의 원 ● 을 눌러 주고 색상 디스크를 선택하면 딸기 꼭지 색이 지정된다. 지정된 점을 아래쪽으로 옮겨주면 명도가 더 낮은 녹색을 빠르게 선택할 수 있다.

8-1 **8-2** 클리핑 마스크 레이어에 채색을 하면 지정된 아래 영역 안쪽에만 채색이 된다. 꼭지의 어두운 부분과 질감을 나타내 준다.

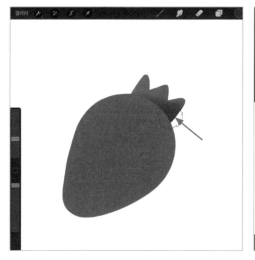

9-0 ❶ 빨간색 딸기 몸통을 선택한 상태에서 ❷ [+버튼]을 눌러서 상단에 레이어 하나를 추가해 준다. ❸ 추가된 레이어를 한번 터치하고 ❹ [클리핑 마스크]를 눌러 준다.

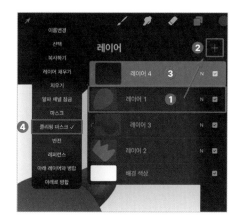

9-1 딸기 몸통에 한 손가락을 올리고 있으면 색이 선택된다.

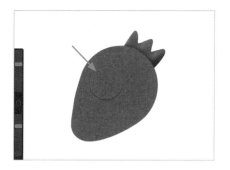

9-2 **9-3** 오른쪽 상단의 원█을 눌러 주고 색상 디스크를 선택하면 딸기 몸통 색이 지정된다. 지정된 점을 아래쪽으로 옮겨주면 명도가 더 낮은 빨간색을 빠르게 선택할 수 있다.

10-1 왼쪽 사이드 바를 이용해서 브러시 굵기를 크게 조절해 준다.
(위쪽 바 : 브러시 굵기, 가운데 점 : 색 선택, 아래쪽 바 : 브러시 불투명도)

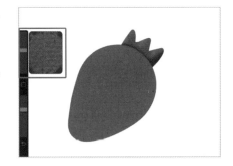

10-2 브러시 굵기와 불투명도를 조절하며 딸기에 명암과 질감을 표현해 준다.

⑪ ⑫ 흰색을 선택하고, 딸기의 밝은 부분을 표현해 준다.

(딸기 가운데 부분, 9~12시 방향, 3~6시 방향)

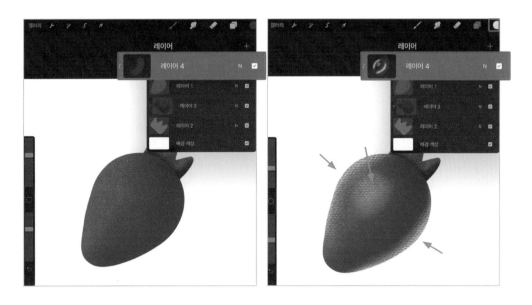

⑬ 제일 위에 레이어를 하나 더 추가해 주고,

🖌️1(브러시)-2(스케치)-3(6B 연필)을 선택

해 준다.

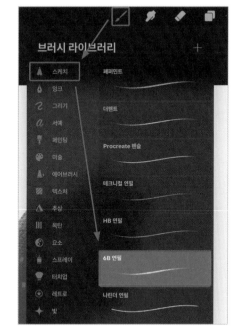

14 주황색을 선택하고, 그림과 같이 딸기 씨앗을 그려 준다.

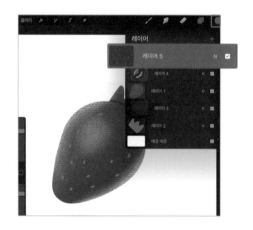

15 상단에 레이어를 추가하고 검은색으로 딸기 얼굴을 그려 준다. ✏1(브러시)-2(스케치)-3(6B 연필)을 선택해 준다. 분홍색으로 볼터치도 그려 준다.

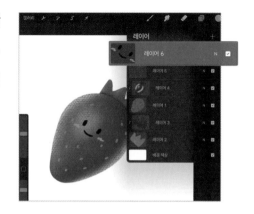

16 귀여운 딸기 캐릭터 완성

Tip 〉 저장 방법

(1) JPEG : 🔧[동작]-[공유]-[JPEG]-[이미지 저장] (그림을 배경까지 함께 저장할 수 있다.)
(2) PNG : 🔧[동작]-[공유]-[PNG]-[이미지 저장] (배경 체크박스를 꺼 주고, PNG로 저장하면 배경을 제외한 그림 부분만 저장된다. 필요한 그룹만 체크박스를 켜 놓고, 나머지는 다 꺼 준 상태로 저장해서 활용할 수 있다.)

07 프로크리에이트로 도넛 그리기

  프로크리에이트 앱을 활용해 도넛을 그려 보는 활동이다. 학생들은 이 활동을 통해 프로크리에이트 기초 기능을 익히고 도형 그리기, 채색하기, 질감 넣기 기능 등을 활용해 다양한 도넛을 그릴 수 있다. 프로크리에이트 앱을 사용하면 그림을 그리다가 실수했을 때 언제든 되돌리기 기능을 사용할 수 있기에 학생들로 하여금 표현에 대한 부담을 덜어 주고 미술 활동에 대한 자신감을 심어 줄 수 있다. 후속 차시를 확보하면 다양한 브러시를 사용해서 자신이 그린 도넛에 초콜릿 시럽, 딸기시럽, 설탕 가루 등 세부적인 표현을 추가할 수 있고 작품을 복제해서 계속 새롭게 수정할 수도 있다.

① 성취 기준

- 관찰과 상상으로 아이디어를 떠올려 표현 주제를 구체화할 수 있다.
- 기본적인 표현 재료와 용구의 특성을 이해하고 사용 방법을 익힐 수 있다.
- 조형 요소의 특징을 자유롭게 탐색하며 주제 표현에 알맞게 활용할 수 있다.
- 표현 의도를 가지고 작품을 제작하며 자기 작품을 소중히 여길 수 있다.
- 미술과 타 교과를 관련지어 주제를 표현하는 데 흥미를 가질 수 있다.
- 다양한 방법으로 아이디어를 연결하여 확장된 표현 주제로 발전시킬 수 있다.
- 디지털 매체 등 다양한 표현 재료와 용구를 탐색하며 작품 제작에 활용할 수 있다.
- 조형 요소의 어울림을 통해 조형 원리를 이해하고 주제 표현에 연결할 수 있다.
- 주제 표현에 의지를 갖고 표현 과정을 돌아보며 작품을 발전시킬 수 있다.
- 미술과 타 교과의 내용과 방법을 융합하는 활동을 자유롭게 시도할 수 있다.

디지털드로잉 앱 프로크리에이트를 활용해 '도넛'이라는 모두에게 익숙하면서도 각자의 기호나 개성을 표현할 수 있는 음식을 그리면서 학생들은 '표현 영역' 성취 기준 대부분을 달성할 수 있다.

학생들은 도넛의 원 모양 형태를 그리고 채색한 뒤 명암과 질감을 넣으면서 '조형 요소'의 특징을 자유롭게 탐색할 수 있으며(3, 4학년 성취 기준), 조형 요소의 어울림을 통해 '조형 원리'를 이해하고 주제 표현에 연결할 수도 있다(5, 6학년 성취 기준).

또한 디지털 매체를 활용해서 작품을 그리는 과정에서 신체적 감각과 지각을 확장해서 자유롭게 표현 활동을 할 수 있다. 스케치, 에어브러시, 잉크, 목탄 등 130가지 이상의 브러시를 바로 사용할 수 있어서 질감 표현이 우수하며, 도형 그리기, 채색하기, 되돌리기 기능 등을 이용하면 누구나 쉽게 그림을 그리고 수정할 수 있어서 미술에 자신 없었던 학생들도 표현 활동에 자신감을 갖고 적극적으로 참여할 수 있다.

그리고 미술과 타 교과의 내용과 방법을 융합하는 활동을 구상할 수도 있다. 도넛 그리기를 통해 앱 활용 능력이 신장되면, 과학, 사회, 국어, 창의 체험 등의 수업에 활용할 다양한 일러스트를 그릴 수 있다. 완성본을 패들렛 등에 업로드하면 조사 발표 수업 등에 활용하거나 출력해서 환경 정리 등의 학급 경영에도 이용할 수 있다.

② 수업 흐름도

필수 프로크리에이트(Procreate) 기초 기능 익히기(전 차시)
1~2차시 : 프로크리에이트(Procreate) 기초 기능 익히기(브러시, 채색 등)

▼

프로크리에이트(Procreate)로 도넛 그리기 ★본 차시★
3~4차시 : 프로크리에이트(Procreate)로 도넛 그리기

▼

다양한 종류의 도넛 그리기(후속 활동)
5~6차시 : 다양한 종류의 도넛 그리기(자유)

프로크리에이트 기초 기능을 익혔다면 바로 도넛 그리기 활동을 시작하면 된다. 만약 본 수업을 프로크리에이트 첫 수업으로 계획했다면 앞서 소개한 [프로크리에이트 둘러보기]로 1~2차시 정도의 기초 기능 익히기 수업을 추가 편성하길 추천한다. 학생들이 프로크리에이트의 기본적인 브러시, 채색, 도형 그리기 등의 기능을 숙지하고 있어야 더 쉽게 따라 그릴 수 있다.

학생들은 도넛이라는 원형의 형태를 그리고 채색하며, 소프트파스텔, 오일파스텔 등의 다양한 브러시를 활용해 명암과 질감을 넣으면서 표현의 즐거움을 깨달을 수 있을 것이다. 프로크리에이트를 이용하면 간단한 동작만으로도 쉽게 다양한 표현이 가능하고 수정도 간단해서 미술 활동을 싫어하는 학생들도 표현 활동에 흥미를 느끼고 수업에 적극적으로 참여할 수 있다. 또한 시간적 여유가 있다면 후속 활동으로 다양한 종류의 도넛 그리기 수업을 할 수 있다. 다양한 브러시를 사용해서 자신이 그린 도넛에 초콜릿 시럽, 딸기시럽, 설탕 가루 뿌리기 등 자신의 기호를 반영해 다양한 표현을 할 수 있다. 이를 통해 학생들은 자기 주도적 미술 학습을 할 수 있고 창의·융합 능력도 기를 수 있다.

③ 차시별 수업 과정 상세히 살펴보기

3~4차시 : 프로크리에이트로 도넛 그리기

1 프로크리에이트를 실행하고, 오른쪽 상단의 +를 눌러 준다. 원하는 캔버스 사이즈를 선택한다.(예시 : 사각형 2048×2048px)

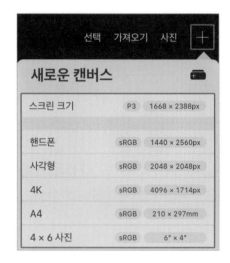

2 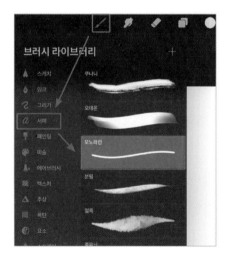1(브러시)-2(서예)-3(모노라인)을 선택한다.

3 퀵쉐이프 기능으로 원을 하나 그려 준다.

(색 예시 : #ffe7aa)

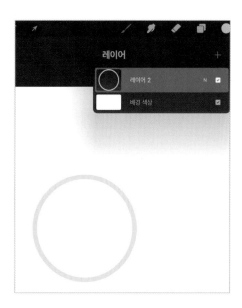

Tip	퀵쉐이프

· **직선** : 펜슬로 선을 그린 상태에서 펜슬을 떼지 않으면 직선이 자동으로 그려진다. 펜을 떼지 않고 반대쪽 손가락 하나를 패드에 대면 수평, 수직선이 그려진다. 펜을 움직이면 선이 15° 각도로 움직인다.

· **원** : 펜슬로 타원을 대충 그리고 펜슬을 떼지 않고 있으면 반듯한 타원이 완성된다. 펜슬을 떼지 않고 반대쪽 손가락 하나를 패드에 대면 원이 그려진다.

· **사각형, 삼각형** : 도형을 그려 준 상태로 펜슬을 떼지 않고 있으면 자동으로 선분이 직선이 된다. 펜을 떼지 않고 손가락 하나를 패드에 올리면 정사각형, 정삼각형 모양이 완성된다.

4 펜슬로 원을 그린 레이어를 왼쪽으로 밀어 준다. [복제] 버튼을 눌러주면 원이 복제된다.

5 복제된 레이어를 선택하고 상단 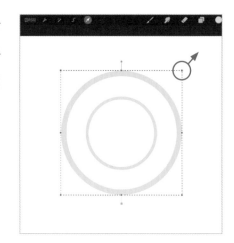 변형 툴 (화살표)을 눌러 준다. 아래 [균등]을 눌러 주고, 파란점을 드래그해서 원을 확대한다. 그리고 사진과 같이 원을 이동시켜 배치한다.

Tip ＼ **모양 변형 종류**

자유 형태 : 모양을 자유롭게 변형할 수 있다.
균등 : 모양을 균등한 비율로 변형할 수 있다.
왜곡 : 모양을 뒤틀 듯이 쉽게 왜곡시킬 수 있다.
뒤틀기 : 모양 부분 부분을 선택해서 변형할 수 있다.

6-1 6-2 레이어 두 개를 손가락을 이용해 위아래로 꼬집듯이 합쳐 준다. 레이어가 하나로 합쳐진다.(병합)

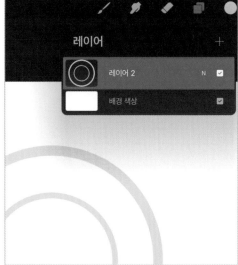

7-1 **7-2** 도넛 빈 공간에 색을 드래그해서 넣듯이 끌어다 넣는다.

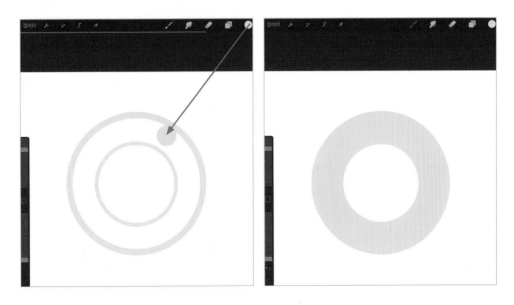

8 **❶** +버튼을 눌러 레이어 하나를 더 추가해 준다. **❷** 레이어를 누르고 **❸** [클리핑 마스크] 버튼을 눌러 준다.

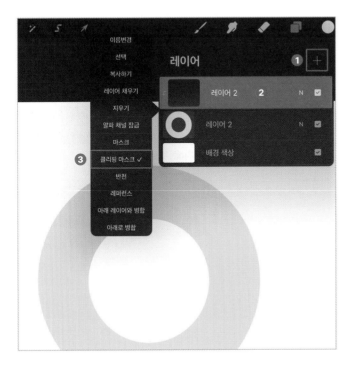

⑨ 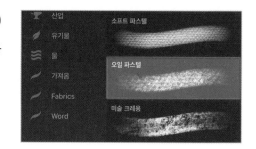 1(브러시)-2(스케치)-3(오일파스텔)을 눌러 준다.(소프트파스텔, 미술 크레용 등 사용 가능)

Tip

소프트파스텔, 오일파스텔, 미술 크레용, 보노보 분필 : 질감 표시에 자주 사용된다.

⑩ 클리핑 마스크 레이어에 더 명도가 낮은 갈색으로 질감, 명암을 표시해 준다.(가장자리 부분), (색 예시 : #b76e23)

⑪ 클리핑 마스크 레이어를 하나 더 만들고, 명도가 더 낮은 색으로 어두운 부분을 강조해 준다.

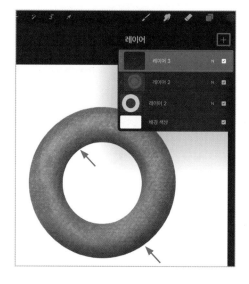

12 클리핑 마스크 레이어를 하나 더 만들고, 흰색으로 도넛 **❶** 가운데 부분에 빛을 표시해 준다. **❷** 도넛 측면 9~12시 방향, **❸** 3~6시 방향에 밝게 만들어서 역광을 나타낸다. **❹** 도넛 안쪽도 빛을 표시한다.

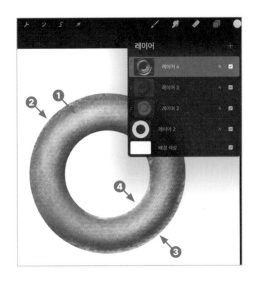

13 레이어들을 왼쪽으로 밀어서 [그룹] 버튼을 눌러 준다.

14 새로운 그룹의 ∨를 눌러 준다. 그리고 그룹을 왼쪽을 밀어서 [복제] 버튼을 눌러 준다.

15-1 15-2 아래에 있는 '새로운 그룹'을 터치하고 '병합'을 눌러 준다. 그룹이 하나의 레이어로 변하는 것을 확인할 수 있다.

16 아래 레이어를 그림자로 바꾸어 보자. 위에 있는 그룹 오른쪽 체크박스의 체크를 터치해서 잠시 꺼 준다.

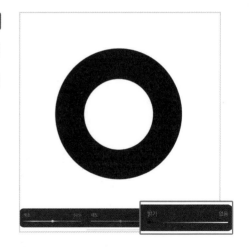

17 아래 병합된 도넛 레이어를 선택하고 1(조정)-2(색조, 채도, 밝기)-3(레이어)를 눌러 준다. 아래 부분에 있는 밝기를 0으로 낮추어서 '없음'으로 만들어 준다.

18 꺼 두었던 위 그룹의 체크박스를 켜 주고, 아래 그림자 레이어를 선택해 준다.

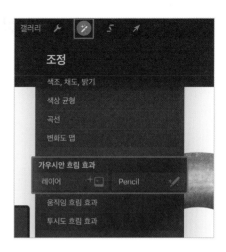

19 레이어를 선택한 상태에서 1(조정)-2(가우시안 흐림 효과)-3(레이어)를 눌러 준다.

20 패드에 한 손가락을 올려서 오른쪽으로 움직여 주면 그림자가 번져서 나온다. 20% 정도에서 손가락을 멈추어 준다.

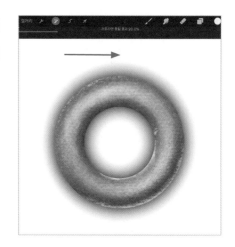

21 그림자 레이어를 두 손가락으로 동시에 터치해 준다. 불투명도가 활성화되면 패드에 한 손가락을 올려서 왼쪽으로 쓸어 준다. 불투명도를 50% 정도로 줄여 주면 그림자가 자연스러워 보인다.(또는 레이어 오른쪽 N을 누르고 불투명도 바를 이용해서 불투명도를 조절해 줄 수 있다.)

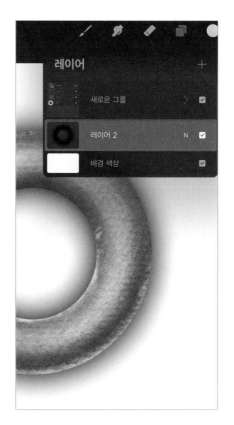

22-1 22-2 위의 그룹과 아래 그림자 레이어를 오른쪽으로 쓸어 주고 그룹을 눌러 주면 또 하나의 그룹이 된다. 그룹 전체를 이동하거나 복제, 삭제할 수 있다.

23 먹음직스러운 도넛 완성

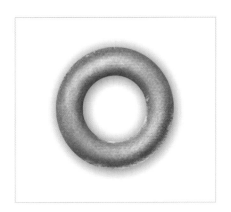

24 학생 활동 사진

08 프로크리에이트로 빈티지 포스터 만들기

프로크리에이트 앱을 활용해 빈티지 포스터를 그려 보는 활동이다. 학생들은 이 활동을 통해 프로크리에이트 기초 기능들을 익히고 자기 생각을 자유롭게 표현할 수 있다. 프로크리에이트 복제, 색상 변형, 형태 변형 등의 기능 등을 이용하면 작품을 바로 수정할 수 있는데, 색상이 화려한 올드카(Old Car) 사진을 불러와서 복제하고 색상이나 형태를 변형하면서 누구나 쉽게 빈티지 포스터를 제작할 수 있다. 학생들은 프로크리에이트라는 디지털 매체로 콜라주(Collage), 팝아트(Pop Art) 느낌의 다양한 빈티지 포스터를 제작하면서 신체와 사고, 시간과 공간의 경험을 확장하며 디지털 시대에 필요한 소양을 기르게 될 것이다.

① 성취 기준

· 관찰과 상상으로 아이디어를 떠올려 표현 주제를 구체화할 수 있다.

· 기본적인 표현 재료와 용구의 특성을 이해하고 사용 방법을 익힐 수 있다.

· 조형 요소의 특징을 자유롭게 탐색하며 주제 표현에 알맞게 활용할 수 있다.

· 표현 의도를 가지고 작품을 제작하며 자기 작품을 소중히 여길 수 있다.

· 미술과 타 교과를 관련지어 주제를 표현하는 데 흥미를 가질 수 있다.

· 다양한 방법으로 아이디어를 연결하여 확장된 표현 주제로 발전시킬 수 있다.

· 디지털 매체 등 다양한 표현 재료와 용구를 탐색하며 작품 제작에 활용할 수 있다.

· 조형 요소의 어울림을 통해 조형 원리를 이해하고 주제 표현에 연결할 수 있다.

· 주제 표현에 의지를 갖고 표현 과정을 돌아보며 작품을 발전시킬 수 있다.

· 미술과 타 교과의 내용과 방법을 융합하는 활동을 자유롭게 시도할 수 있다.

디지털드로잉 앱 프로크리에이트를 활용해 올드카 사진을 복제하며 빈티지 포스터를 제작하는 과정에서 학생들은 2022 개정 교육과정 '표현 영역' 대부분의 성취 기준을 달성할 수 있다.

무료 이미지 사이트 '픽사베이'(Pixabay)에서 자신이 원하는 올드카를 검색 및 저장하고 프로크리에이트 기능들을 활용해 복제, 변형하며 자신만의 빈티지 포스터를 제작하면서 학생들은 자신의 느낌과 생각을 창의적으로 표현하며 경험과 사고를 유연하게 통합하고 확장할 수 있다.

또한 자동차의 형태, 명암, 색채 등을 자기 주도적으로 변형하면서 '조형 요소'의 특징을 자유롭게 탐색할 수 있으며(3, 4학년 성취 기준), 자동차를 자신만의 방식으로 화면에 배치하며(균형, 조화, 대비 등) '조형 원리'를 이해하고 주제 표현에 연결할 수도 있다(5, 6학년 성취 기준).

그리고 표현과 소통의 도구로 디지털 매체를 적극적으로 활용함으로써 학생들은 신체와 사고, 시간과 공간의 경험을 확장하며 디지털 시대에 필요한 소양을 기를 수도 있다. 언제 어디서나 자신이 필요한 이미지를 생산할 수 있다는 자신감을 가질 수 있고 시각적 소통 능력, 창의·융합 능력, 자기 주도적 미술 학습 능력을 신장시킬 수 있을 것이다.

② 수업 흐름도

> **필수 프로크리에이트(Procreate) 기초 기능 익히기**(전 차시)
> **1~2차시** : 프로크리에이트(Procreate) 기초 기능 익히기(브러시, 채색 등)

> **프로크리에이트(Procreate)로 빈티지 포스터 제작하기** ★본 차시★
> **3~4차시** : 프로크리에이트(Procreate)로 빈티지 포스터 제작하기

> **다양한 종류의 빈티지 포스터 제작하기**(후속 활동)
> **5~6차시** : 다양한 종류의 빈티지 포스터 제작하기(자유)

　프로크리에이트 기초 기능을 익혔다면 바로 빈티지 포스터 만들기 활동을 시작하면 된다. 만약 본 수업을 프로크리에이트 첫 수업으로 계획했다면 앞서 소개된 프로크리에이트 기초 기능 익히기 차시를 추가 편성하길 추천한다. 학생들이 프로크리에이트의 기본적인 브러시, 채색, 도형 그리기 등의 기능을 숙지하고 있어야 더 쉽게 작품을 만들 수 있다.

　본 차시에서 학생들은 무료 이미지 사이트 '픽사베이'에서 자신이 원하는 올드카를 찾아서 저장하고 프로크리에이트 기능들을 활용해 복제, 변형하며 자신만의 빈티지 포스터를 제작하게 된다. 원색의 올드카를 복제해서 색상을 변형하고 형태를 바꾸는 활동을 통해 미술 활동을 싫어하는 학생들도 표현 활동에 흥미를 느끼고 수업에 적극적으로 참여하게 될 것이다. 자동차의 형태, 색채 등을 자기 주도적으로 변형하며 '조형 요소'의 특징을 탐색하고, 자동차를 자신만의 방식으로 화면에 배치하며 '조형 원리'를 적용하게 한다면 학생들은 표현 의도를 갖고 작품을 제작하며 자기 작품을 소중히 여기게 될 것이다.

또한 시간적 여유가 있다면 후속 활동으로 자유롭게 빈티지 포스터 제작하기 수업을 할 수도 있다. 학생들은 자신이 표현하고 싶은 주제를 정하고 콜라주, 팝 아트 등 다양한 방식으로 생각과 느낌을 표현하고, 다른 친구들과 결과물을 공유 하면서 미적 감수성, 시각적 소통 능력, 창의·융합 능력, 미술 문화 이해 능력, 자 기 주도적 미술 학습 능력 등을 기를 수 있을 것이다.

③ 차시별 수업 과정 상세히 살펴보기

3~4차시 : 프로크리에이트로 빈티지 포스터 제작하기

① 프로크리에이트를 실행하고, 오른쪽 상단의 +
를 눌러 준다. 원하는 캔버스 사이즈를 선택한다.
(예시 : 사각형 2048×2048px)

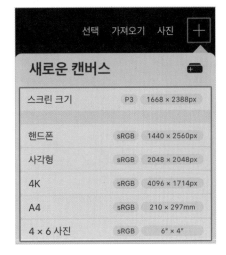

2-1 2-2 🔧1[동작]-2[추가]-3[사진 삽입하기]를 눌러 준다. 다운로드한 올드카 사진을 선택해 준다.

3-1 3-2 ↗️변형 툴(화살표)을 누르고 사진이 화면에 가득 차도록 크기를 조절해 준다.

4 그림과 같이 상단 ⑤ [선택 툴]을 눌러 준다.

5 하단에 [올가미]를 눌러 준다.

> **Tip**
>
> **선택 툴** 특정 영역을 선택해서 채색 및 복제 등을 할 수 있는 기능
> **(1) 자동** : 영역을 자동으로 선택해 줌. 경계가 분명할 때 유용하다.
> **(2) 올가미** : 펜슬로 직접 영역을 지정해서 선택한다.
> **(3) 직사각형** : 직사각형 모양으로 영역을 선택한다.
> **(4) 타원** : 타원 모양으로 영역을 선택한다.

6-1 **6-2** 올가미를 누른 채 자동차 외곽선을 따라서 펜슬로 선을 그려 준다.(엄지손가락
과 집게손가락을 이용해 화면을 돌려 가며 선을 따 주면 편리하다.)

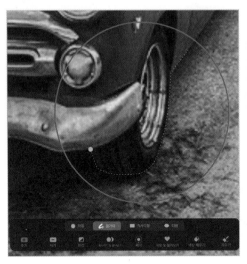 

6-3 **6-4** 자동차의 외곽을 따라 점선을 그려 주고, 제일 처음 생겼던 회색 점까지 이어 준다.

7-1 **7-2** 빗금이 표시되지 않은 부분이 선택한 영역이다. 아래쪽에 [복사하기 및 붙여넣기]를 눌러 준다. 선택한 영역이 복제되었다는 것을 레이어로 확인할 수 있다.

9-1 **9-2** 원본 사진 체크박스는 꺼 주고, 복제된 자동차 레이어를 선택한다. 상단 화살표 (변형 툴) ⬈ 를 눌러 준다.

 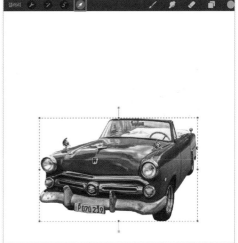

10 자동차를 드래그해서 그림과 같이 위치를 옮기고, 파란점을 드래그해서 크기를 줄여 준다.

> **Tip**
>
> **파란점** : 크기 조절, **녹색점** : 각도 조절

11-1 **11-2** 레이어를 왼쪽으로 밀어서 복제해 준다. 복제된 레이어를 선택하고 화살표(변형 툴)를 누른다.

12-1 **12-2** 화살표(변형 툴)를 누르고 하단에 [스냅]-[자석]을 켜 준다. 자석 기능이 자동차를 오른쪽으로 이동시켜 줄 때 자동으로 수평을 맞춰 준다.

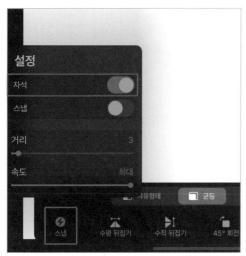
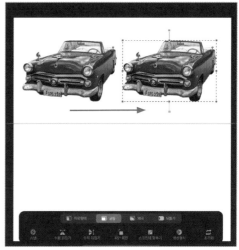

Tip	자석

이동할 때 수평, 수직, 대각선 라인을 잡아 주어서 편리하다. 사용하지 않을 때는 꺼 주는 것이 편하다.

13-1 **13-2** 자동차를 두 대 더 복제하고, 각 레이어를 선택해서 화살표(변형 툴) 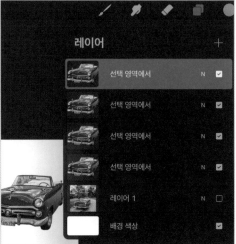 를 이용해 그림과 같이 이동시켜 준다.

14 자동차 사진 레이어를 선택하고 +버튼을 눌러서 레이어를 하나 추가한다.(배경으로 사용할 레이어)

15 🔧1[동작]-2[추가]-3[사진 삽입하기]를 눌러 준다. 다운로드한 배경 사진을 선택해 준다.

Tip 〉 **배경 다운로드**

· '픽사베이'(Pixabay)에서는 저작권 걱정 없이 사용할 수 있는 다양한 사진을 무료로 다운로드할 수 있다.
· 벽돌, 종이, 배경, 나무 등의 키워드로 다양한 배경 사진을 다운로드할 수 있다.

16-1 16-2 자동차 뒷면에 배경이 생겼다.

17-1 **17-2** 같은 방법으로 레이어를 추가해서 다양한 배경 사진을 더 넣어 줄 수 있다.

18-1 **18-2** 흰색 벽돌이나, 크라프트지 등의 배경을 이용할 수도 있다.

 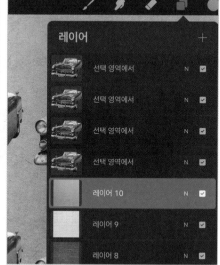

19-1 **19-2** 첫 번째 자동차를 선택한 상태에서 🪄1(조정)-2(색조, 채도, 밝기)-3(레이어)를 눌러 준다.

20 하단에 있는 색조, 채도, 밝기 바를 좌우로 조절하며 자동차 색깔을 쉽게 바꾸어 줄 수 있다.

21-1 **21-2** 두 번째, 네 번째 자동차도 선택해서 원하는 색으로 바꾸어 준다.

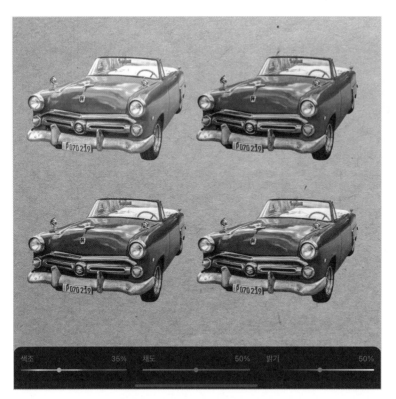

22-1 **22-2** 첫 번째 자동차 레이어를 선택하고 화살표(변형 툴) 🔽 를 눌러 준다. 화살표 (변형 툴) 🔽 를 누르고 자유 형태, 균등, 왜곡, 뒤틀기 등을 이용해 모양을 변형시킬 수 있다.

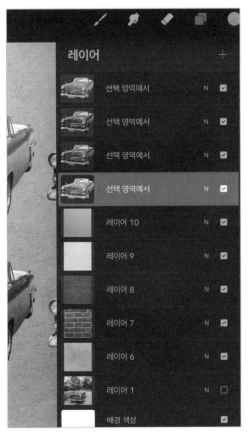

23-1 **23-2** 첫 번째 자동차 레이어를 왼쪽으로 밀어서 복제해 준다. 아래쪽 레이어를 선택하고, 🪄1[조정]-2[색조, 채도, 밝기]-3[레이어]를 눌러 준다.

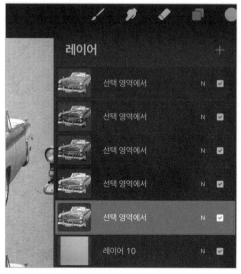
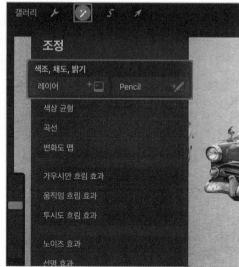

24-1 **24-2** 하단에 '밝기' 바를 검은색 쪽(왼쪽)으로 밀어준다. 화살표(변형 툴) 🢅 를 누르고 대각선으로 드래그해 주면 그림자가 되어서 나온다.

25-1 25-2 ✦1[조정]-2[가우시안 흐림 효과]-3[레이어]를 눌러 주고, 화면에 손가락을 올리고 오른쪽으로 쓸어 주면서 그림자를 표현해 본다.

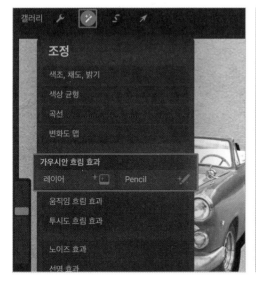

26-1 세 번째 자동차 레이어도 왼쪽으로 밀어서 복제해 준다. 아래 레이어를 선택해 준다.

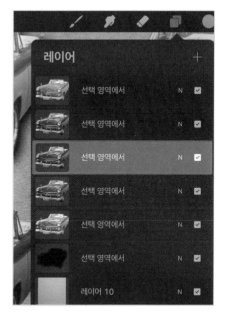

27-2 🪄1[조정]-2[움직임 흐림 효과]를 눌러
준다.

28-1 화면에 펜슬을 올리고 한 시 방향으로 드
래그해 주면 그림과 같이 자동차의 움직임이
표현된다.(드래그해 주는 방향에 따라서 움직
임 방향도 달라진다.)

28-2 ↗변형 툴(화살표)을 누르고 한 시 방향
으로 레이어를 조금 옮겨 주면, 자동차의 이동
방향이 더욱 명확해 보인다.

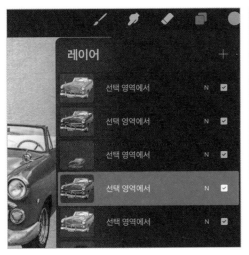  두 번째 자동차 레이어를 선택하고, 상단 [형태 툴] 을 눌러 준다.

30 ①[올가미]를 선택하고 ②그림과 같이 자동차의 라이트 부분을 따라 점선을 그려 준다.
③하단에 [복사하기 및 붙여 넣기]를 눌러 준다.

31-1 31-2 라이트 레이어가 복사되었다. 화살표(변형 툴) 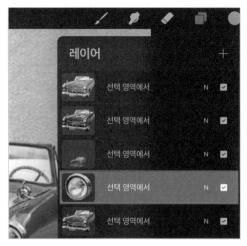 를 누르고 크기를 줄인 후 적절한 위치로 옮겨 준다.

32-1 32-2 라이트 레이어를 왼쪽으로 밀어서 복제하고 이동시켜 준다.

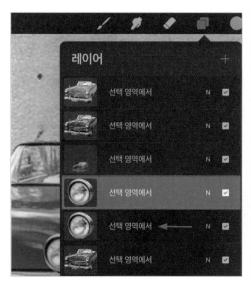

33-1 33-2 네 번째 자동차 레이어를 선택해 준다. 번호판을 수정해 보자. ✏️1[브러시]-2[잉크]-3[테크니컬 펜]을 선택한다.

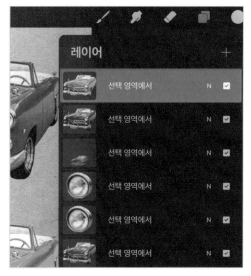
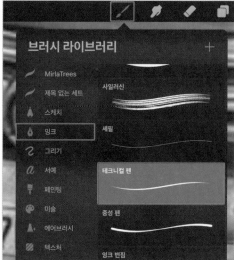

34-1 34-2 수정할 번호 근처 회색에 손가락 하나를 대고 있으면 색이 선택된다. 펜슬로 7 뒤의 0을 덧칠해서 지워 준다.

35-1 35-2 숫자 0을 8로 만들어 보자. 번호판 숫자에 손가락을 하나 대고 있으면 번호의 색깔이 선택된다. 왼쪽 바를 이용해서 브러시 굵기를 수정해 준다.

36 숫자 0 안쪽에 가로선을 그려서 8로 만들어 준다.

37 이번에는 내가 그린 그림을 자동차에 코팅해 보자. 상단에 레이어를 하나 추가해 준다.

38-1 38-2 🔧 1[동작]-2[추가]-3[사진 삽입하기]를 누르고 저장해 놓은 PNG 파일을 선택해 준다.(예시 : 딸기 그림 등)

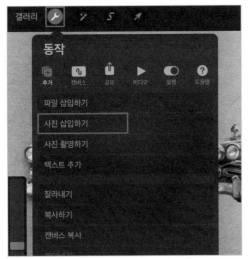 

39 화살표(변형 툴)↗를 이용해 딸기 크기를 줄이고, 자동차 위쪽에 배치시킨다.

40 딸기 레이어 오른쪽의 N을 누르고 '하드 라이트'를 선택해 준다. 자연스럽게 자동차에 붙은 느낌이 난다.

41 딸기 레이어를 왼쪽으로 밀고 복제해 준다. 그리고 화살표(변형 툴) ✦를 이용해 위치와 크기를 원하는 대로 수정해 준다.

42-1 **42-2** 라이트를 튜닝해 보자. 상단에 레이어를 추가해 준다. ✎1(브러시)-2(서예)-3.(모노라인)을 선택하고, 주황색으로 라이트 모양을 따라 그린다.(퀵쉐이프 기능 이용)

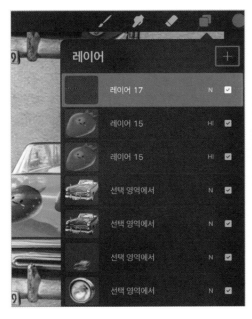

Tip ╲ **퀵쉐이프** ╲

- **직선** : 펜슬로 선을 그린 상태에서 펜슬을 떼지 않고 있으면 직선이 자동으로 그려진다.
  펜을 떼지 않고 반대쪽 손가락 하나를 패드에 대면 수평, 수직선이 그려진다.
  펜을 움직이면 선이 15° 각도로 움직인다.
- **원** : 펜슬로 타원을 대충 그리고 펜슬을 떼지 않고 있으면 반듯한 타원이 완성된다.
  펜슬을 떼지 않고 반대쪽 손가락 하나를 패드에 대면 원이 그려진다.
- **사각형, 삼각형** : 도형을 그려준 상태로 펜슬을 떼지 않고 있으면 자동으로 선분이 직선이 된다.
  펜을 떼지 않고 손가락 하나를 패드에 올리면 정사각형, 정삼각형 모양이 완성된다.

43-1 43-2 펜슬로 오른쪽 상단 원 안의 색을 누른 상태에서 드래그하듯이 모양 안으로
끌어다 놓으면 채색이 된다. 레이어를 누르고, 불투명도를 줄여 준다.

44-1 44-2 라이트 레이어를 복제해서 반대쪽 라이트로 이동시켜 준다.

45-1 **45-2** 그림 아래쪽에 레이어를 추가해서 다양한 배경 사진을 넣어 줄 수 있다.

46-1 **46-2** 배경 레이어를 선택하고 🖌1(조정)-2(색조, 채도, 밝기)-3(레이어)를 눌러 준다.

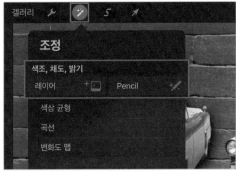

47-1 **47-2** 아래쪽에 있는 색조, 채도, 밝기 바를 좌우로 움직여서 원하는 색깔로 바꿀 수 있다.

48-1 **48-2** 딸기 튜닝 자동차 레이어들을 오른쪽으로 밀어 주고 '그룹' 버튼을 눌러 준다.

 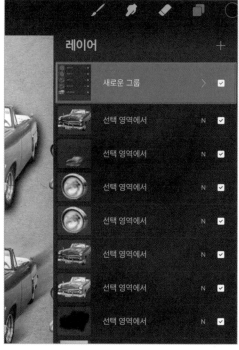

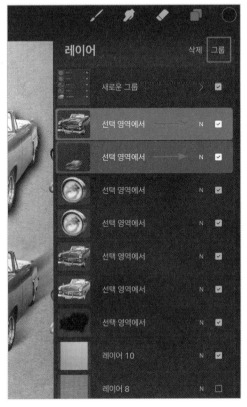 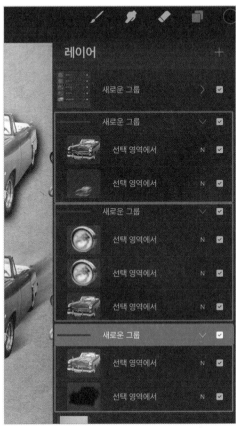 움직임 자동차, 라이트 4개 자동차, 그림자 자동차 레이어들도 각각 그룹으로 만들어 준다.

(∨버튼 : 하나의 그룹으로 표시된다. > 버튼 : 모든 레이어들이 펼쳐져 보인다.)

❶ 그림 아래쪽에 삽입하기

그림 아래쪽에 레이어를 추가해서 배경 사진을 삽입해 준다.

그림이 선명해 보이고, 배경은 그림에 영향을 주지 않는다.

❷ 그림에 위쪽에 삽입해서 질감 효과 나타나게 하기

배경 사진을 제일 상단에 추가해 준다. 레이어 오른쪽 N을 누르고 [곱하기]를 선택한다.

그림 전체에 종이의 질감이 나타난다. 선명도는 떨어지지만, 직접 그린 느낌이 나고, 빈티지한 느낌을 표현할 수 있다.

다양한 배경 사진을 이용해 두 가지 버전으로 배경을 삽입해 보자.

❶ JPEG : [동작]-[공유]-[JPEG]-[이미지 저장] (그림을 배경까지 함께 저장할 수 있다.)

❷ PNG : [동작]-[공유]-[PNG]-[이미지 저장] (배경 체크박스를 꺼 주고, PNG로 저장하면 배경을 제외한 그림 부분만 저장된다. 필요한 그룹만 체크박스를 켜 놓고, 나머지는 다 꺼 준 상태로 저장해서 활용할 수 있다.)

도트 애니메이션
피스켈

01 피스켈 둘러보기

```
◆ 프로그램 사용 환경 : 무료, 컴퓨터(윈도, 매킨토시) 지원, 모바일 앱 지원 없음.

◆ 프로그램 링크 : www.piskelapp.com
```

　피스켈(Piskel)은 오픈소스(프로그램의 소스코드와 사용권을 공개하는 것) 프로그램으로 누구나 무료로 사용할 수 있다. 모바일 앱 지원이 되지 않는다는 단점이 있지만 여타 다른 앱에 비해 직관적이고 상세한 도트 애니메이션 작업이 가능하다는 장점이 있다. 피스켈 프로그램의 사용법을 개괄적으로 소개한다. 무엇보다 좋은 것은 직접 작품을 만들며 여러 버튼을 눌러 기능을 경험해 보는 것이다.

1 캔버스 영역

그림이 실제로 그려질 캔버스 영역이다. 마우스 휠을 돌려 배율을 조절할 수 있다.

2 프레임 영역

쉽게 말해 필름이라 생각하면 된다. 프레임에 붙은 번호 순서대로 위쪽에서 아래쪽으로 애니메이션이 진행된다. 1번 프레임의 캔버스를 채운 뒤 프레임을 복사하여 다음 프레임에서 그림의 변화를 주는 방식으로 작업하는 것이 효율적이다.

| 1배율 | 3배율 | Full |

3 미리 보기 및 속도 조절 영역

현재 작업 상태에서 애니메이션이 어떻게 재생되는지 미리 보여 주는 화면이다. 배율 선택 아이콘을 클릭하여 프리뷰 화면을 알맞은 크기로 설정할 수 있다. FPS는 Frames Per Second의 약자로 초당 재생되는 프레임의 수를 말한다. 7fps로 설정했다면 1초당 7개의 프레임이 재생된다는 뜻이다. fps의 숫자를 높일수록 애니메이션의 움직임은 정교해지지만 필요한 프레임의 수가 많아진다. fps의 숫자를 낮추면 필요한 프레임의 수가 줄어 작업량이 줄어들지만 애니메이션의 움직임이 거칠어진다. 설정 창에서 최대 fps 값을 설정할 수 있다. 첫 작품의 경우 5~7fps 정도로 작업하는 것을 추천하며 익숙해진 뒤에도 최대 24fps까지만 사용하는 것을 추천한다. 그 이상의 fps 값은 애니메이션 작품 제작에 비효율적이다.

4 레이어 영역

레이어의 다양한 상태를 설정하는 영역이다.

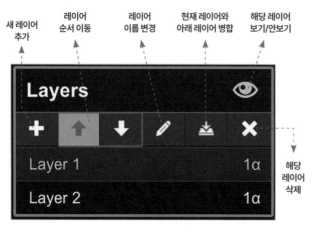

레이어창

레이어 영역

1 Layers

레이어를 생성하고 조정하는 창이다. 레이어는 겹쳐지는 투명한 유리판이라 생각하면 쉽다. 유리판이 쌓여도 각 판의 그림은 다른 판에 영향을 주지 않고 겹친다. 레이어가 위에 있을수록 화면 앞쪽에 위치한다.

➕ 새 레이어 추가 : 새로운 빈 레이어를 추가할 수 있다.

⬆ ⬇ 레이어 순서 변경 : 레이어들 간의 순서를 조정하는 버튼이다. 선택한 레이어의 순서를 위아래로 조정할 수 있다.

✏ 레이어 이름 변경 : 현재 선택한 레이어의 이름을 변경할 수 있다.

⬇ 레이어 병합 : 현재 선택한 레이어보다 아래에 위치한 레이어들을 현재 레이어와 합치는 버튼이다.

✖ 레이어 삭제 : 선택한 레이어를 삭제할 수 있다.

👁 레이어 보기/숨기기 : 현재 선택한 레이어 외의 다른 레이어의 모습이 캔버스에 비칠지 선택할 수 있다.

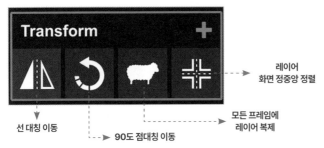

레이어
화면 정중앙 정렬

모든 프레임에
레이어 복제

선 대칭 이동

90도 점대칭 이동

2 Transform

레이어에 그린 그림을 쉽게 변형하는 메뉴이다.

선대칭 이동 : 레이어의 그림을 선대칭으로 반전시킬 수 있다.

점대칭 90° 회전 : 레이어의 그림을 점대칭으로 90°씩 시계방향으로 회전시킬 수 있다.

레이어 복제 : 현재 레이어의 그림과 위치를 모든 프레임에 복사할 수 있다.

중앙 정렬 : 현재 레이어의 그림을 캔버스의 정중앙에 정렬할 수 있다.

4 Palettes

현재 캔버스에서 작업한 색상들이 기록
되는 영역이다.

5 작업툴 영역

캔버스에 그림을 그리기 위한 다양한 도구들
이 모여있는 영역이다.

■■■■ **붓 크기 설정** : 펜과 지우개 등 사
용할 도구들의 굵기를 설정하는 버튼이다. 왼
쪽부터 1X1픽셀, 2X2픽셀, 3X3픽셀, 4X4픽
셀의 크기로 굵기가 설정된다.

■ **색상 선택창** : 펜과 페인트통으로 그려질 색
상을 선택하는 도구이다. 각각의 사각형을 눌
러 색상을 두 가지 색상을 미리 설정할 수 있다.
■와 같이 색상을 설정했다면 좌클릭은 빨간
색이, 우클릭은 파란색이 그려지게 된다.

✐ **스포이트** : 캔버스 내에 있는 다른 색상을
추출할 수 있는 도구이다. 버튼을 누른 뒤 픽셀
을 클릭하면 픽셀의 색상 값이 ■에 설정되게 된다.

✎ **펜** : 자유롭게 그림을 그릴 수 있는 펜이다.

↙ **미러 펜** : 지금 그리는 선과 대칭을 이루는 선이 반대쪽에도 그려지는 거울 그리기
기능이다.

✎ 직선 펜 : 곧은 직선을 그을 수 있다.

🪣 페인트 통 : 클릭한 지점과 이어져 있는 픽셀 중 색상값이 유사한 색상을 한 번에 채우는 페인트통이다. 상하좌우로 변을 맞대고 있는 픽셀에만 적용된다. 대각선 방향으로 붙어있는 픽셀끼리는 적용되지 않는다.

◎ 유사색 페인트 통 : 클릭한 지점의 픽셀과 이어져 있지 않아도 같은 색상 값을 가진 캔버스 내의 모든 픽셀의 색상을 바꾸는 페인트통이다.

◑ 밝게·어둡게 하기 툴 : 펜이나 페인트 통으로 칠한 픽셀의 밝기를 내리거나 올리는 버튼이다. 버튼을 누른 뒤 픽셀을 클릭할 경우 색상이 밝아진다. 색상을 어둡게 하고 싶다면 버튼을 누르고 control 키를 누른 채 픽셀을 클릭한다.

🪄 자동 선택 : 클릭하는 픽셀의 상하좌우 네 면으로 연결된 모든 픽셀을 한꺼번에 선택할 수 있다. 대각선 방향으로 닿아있는 픽셀은 선택되지 않는다.

▢ 사각형 선택 툴 : 사각형을 그려 사각형 내에 있는 픽셀을 선택할 수 있다.

◖ 선형 올가미 툴 : 올가미처럼 원을 그려 원 내에 있는 픽셀을 선택할 수 있다.

▦ 격자 그리기 : 색상 선택표(◧)에서 선택한 두 가지 색상으로 격자무늬를 만들 수 있다. ◧로 색상을 설정했다면 ▦와 같이 격자가 나타나게 된다.

⑤ 설정 및 저장

작업 환경을 설정하거나 파일을 저장, 애니메이션 결과물을 출력하는 등의 기능을 수행하는 영역이다. 잘 사용하지 않는 기능들도 다수 포함되어 있어 수업 시간에 사용할 기본 기능들 위주로 소개한다.

설정 ⚙
크기 조정 🔲
저장 💾
내보내기 🖼
불러오기 📁

⚙ 설정 창 : 캔버스의 배경색과 그리드 크기 등 작업 환경을 설정할 수 있다. 자신이 작업하기 좋은 환경으로 설정하면 되지만 기본적으로는 아래와 사진과 같이 설정하는 것을 추천한다.

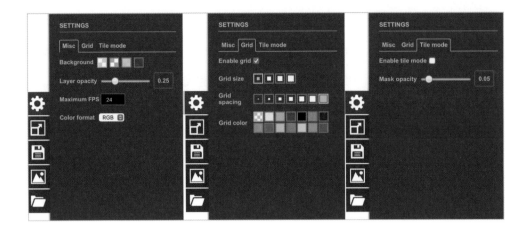

크기 조정 : 캔버스의 크기를 재설정할 수 있다. RESIZE에서 가로와 세로 픽셀 수를 새로 설정할 수 있다. Maintain aspect ratio를 체크하면 가로와 세로 중 하나의 픽셀값만 바뀌어도 현재 캔버스 비율과 같이 다른 하나의 픽셀값이 함께 바뀐다. 캔버스의 픽셀값을 재설정했을 때 이미 캔버스에 그려 둔 그림의 크기는 변하지 않는다. 하지만 Reseize canvas content에 체크를 해 두고 캔버스 크기를 재설정하면 달라진 캔버스 크기에 맞추어 그림들도 크기가 바뀐다. Anchor는 캔버스에 그려진 그림이 재설정된 캔버스에서 어디에 위치할지 선택하는 창이다. 현재 캔버스 크기보다 크기를 크게 재설정했을 때 활성화된다. 캔버스 크기가 줄거나 Reseize canvas content를 체크했을 때는 활성화되지 않는다.

📀 저장 : 프레임과 레이어등 작업 소스가 모두 남아있는 파일을 저장할 수 있다. SAVE AS FILE 창은 내 컴퓨터 메모리에 파일을 저장한다. 반면 SAVE OFFLINE IN BROWER의 경우 파일을 현재 사용하고 있는 인터넷 브라우저에 저장하는 기능인데 안정성이 낮다. 저장은 반드시 컴퓨터 메모리에 한 뒤 USB 메모리나 클라우드 메모리에 백업해야 한다.

🖼 내보내기 : 피스켈에서 만든 작업의 결과물을 움직이는 애니메이션 GIF 파일로 내보낼 수 있다. 이때 반드시 GIF 확장자 파일로 내보내야 움직이는 이미지로 저장된다. 도트 애니메이션은 대부분 캔버스의 크기를 크게 설정하지 않기 때문에 그대로 내보내기를 하면 이미지 크기가 너무 작다. scale에서 20.0x를 설정하여 20배 크기를 키워 내보내도록 하자. 다운로드 버튼을 눌러 저장하면 된다.

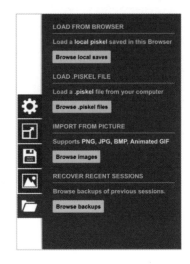

불러오기 : 저장해 두었던 작업 파일을 불러오거나 삽입하고 싶은 이미지 파일을 불러올 수 있다. LOAD FROM BROWSER는 브라우저에 저장해 둔 작업 파일을 불러오는 기능이다. 브라우저 저장은 앞에서 언급했듯 안정성이 낮다. 사용하지 않는 것을 추천한다. LOAD .PISKEL FILE은 컴퓨터 메모리에 저장해 둔 작업 파일을 불러오는 기능이다. 저장해 두었던 작업 파일을 다시 열 때 사용한다. 이 기능을 주로 사용하는 것을 추천한다. IMPORT FROM PICTURE의 경우 이미지 파일을 불러와 캔버스 위에 픽셀화하여 삽입할 수 있다. 그림 이미지는 나름 괜찮은 결과물을 보여 주지만 사진 이미지를 불러올 경우 잘 구현되지 않는다. 특별한 의도가 없다면 사용할 일이 없다. RECOVER RECENT SESSIONS는 피스켈 프로그램에서 자동으로 백업해 두었던 최근의 작업을 불러오는 기능이다. 저장을 놓치거나 프로그램이 다운되었을 때 이용하는 보험과 같은 기능이다. 다만 이 기능에 의존해서는 안 된다. 수시로 저장하는 습관을 가지자.

⑫ 피스켈을 이용한 도트 애니메이션

□ − ✕

◆ **준비물** : 피스켈 프로그램, PC

◆ **학년** : 중학년 이상 가능, 고학년 추천

◆ **영역** : 표현

◆ **소요 시간** : 4차시 이상 구성

◆ **프로그램 사용 환경** : 무료, 컴퓨터(윈도, 매킨토시) 지원, 모바일 지원 안 함.

◆ **프로그램 링크** : www.piskelapp.com

피스켈을 이용하여 도트 애니메이션을 제작해 보는 수업이다. 피스켈은 오픈 소스 프로그램으로 무료로 사용이 가능하다. 또한 조작이 직관적이며 다양한 기능을 제공하여 초등학생들이 어렵지 않게 도트 애니메이션을 만들 수 있는 프로그램이다. 어느 정도 컴퓨터 사용에 익숙한 중학년부터 수업이 가능하며 발달 단계와 성취 기준 모두를 고려한다면 고학년의 수업에 가장 적합하다. 중학년의 경우 캔버스의 크기를 32×32px정도의 작은 크기로 작품을 만드는 것을 추천한다. 고학년의 경우 60×60px크기의 예제 작품을 연습한 뒤 최소 100×100px의 크기를 가진 자유 작품을 주도적으로 만들어 보는 것에 중점을 둔다.

피스켈의 기본 사용법을 익히는 시간을 포함하여 최소 4차시는 확보해야 작품 제작이 가능하다. 사용법 익히고 예제 작품을 따라 해 보는 것은 많은 시간이 소요되지 않지만 학생 스스로 자신의 작품을 만드는 데 많은 시간이 소요된다. 고학년의 경우 6차시 이상의 시간을 확보하는 것을 추천한다.

1 성취 기준

· 기본적인 표현 재료와 용구의 특성을 이해하고 사용 방법을 익힐 수 있다.
· 조형 요소의 특징을 자유롭게 탐색하며 주제 표현에 알맞게 활용할 수 있다.
· 표현 의도를 가지고 작품을 제작하며 자기 작품을 소중히 여길 수 있다.
· 디지털 매체 등 다양한 표현 재료와 용구를 탐색하여 작품 제작에 활용할 수 있다.
· 조형 요소의 어울림을 통해 조형 원리를 이해하고 주제 표현에 연결할 수 있다.
· 주제 표현에 의지를 갖고 표현 과정을 돌아보며 작품을 발전시킬 수 있다.

3~6학년의 표현 영역 성취 기준의 많은 항목을 달성할 수 있는 수업이다. 특히 도트 애니메이션은 조형 요소의 최소 단위인 '점'으로 시작하여 선, 면, 형태 등의 조형 요소들을 두루 이용하게 된다. 또한 움직이는 애니메이션을 만드는 과정은 프레임마다 통일할 요소와 변화를 줄 요소를 고민해야 한다. 때문에 통일, 변화, 균형, 비례, 율동, 대칭 등의 조형 원리를 이해할 수 있다.

2 프로그램 사용 팁

컴퓨터를 활용하여 웹 환경에서 바로 사용하거나 프로그램을 설치하여 사용할 수 있다. 윈도와 매킨토시 두 가지 운영체제를 모두 지원한다. 반면 모바일 앱을 지원하지 않아 태블릿이나 스마트폰에서는 사용할 수 없다.(태블릿에서 웹 접속으로도 사용할 수 없다.) 하지만 안드로이드 태블릿 PC와 애플 태블릿 PC 모두에 다양한 도트애니메이션 제작 앱이 있다. 대부분의 애플리케이션이 유사한 인터페이스를 가지고 있기에 이 글에서 제시한 수업과 같은 흐름으로 수업을 진행할 수 있다. 다만 태블릿 PC용 도트 애니메이션 애리케이션의 경우 광고창이 뜨거나 유료인 경우가 많다. 피스켈은 프로그램 설치 없이 인터넷 창에서 바로 작업이 가능하지만 되도록 프로그램을 설치하는 것을 추천한다. 웹 환경에서 작업 중 인터넷 연결이 끊어질 경우 작업 파일 전부를 잃어버릴 수 있다. 두 가지 환경 모두에서 작업 중 수시로 저장 버튼을 누르는 것은 필수다.

③ 수업 흐름도

기초 기능 익히기
1~2차시 : 오리 예제 작품을 따라 그리며 피스켈 기본 기능 익히기

기능 발전시키기
3차시 : 예제 작품을 변형하여 자신의 작품을 만들기

4차시 : 작은 크기의 연습 작품을 만들기

자유 작품 만들기
5~6차시 : 원하는 크기의 캔버스 설정 후 자유롭게 도트 애니메이션 만들기

첫 1~2차시는 예제 작품을 따라 만들며 자연스럽게 피스켈 기능 사용법을 익히도록 한다. 3차시에서는 연습한 예제 작품의 오리 그림과 배경을 변형하거나 추가하여 예제 작품과는 구별되는 작품을 만들어 보도록 한다. 3, 4학년의 경우 4차시에 해당하는 수업을 2차시 정도 추가 편성하여 30×30px크기의 작은 작품을 만든다. 5, 6학년은 작은 작품을 만들어 본 뒤 60×60px 또는 100×100px 등 더 큰 크기의 자유 작품을 만들어 보도록 한다. 자유 작품 만들기는 최소 2차시를 확보하는 것이 좋으며 여유가 있다면 4차시 정도의 작품 제작 시간을 제공하는 것이 좋다.

④ 차시별 수업 과정 상세히 살펴보기

1~2차시 : 오리 예제 작품을 따라 그리며 피스켈 기본 기능 익히기

피스켈의 기본 기능을 익히기 위해 예제 오리 이미지를 활용한다. 큰 화면에 띄우거나 인쇄하여 학생들에게 제공한다.

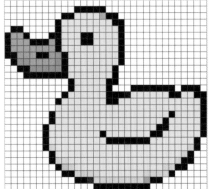

예제 오리

오리를 그린 피스켈 화면

1 피스켈 프로그램을 실행한 뒤 리사이즈( ) 버튼을 눌러 가로와 세로의 픽셀을 가 60으로 설정한다.

2 펜 툴()을 선택한 뒤 색상 선택(■)버튼을 눌러 검은색을 선택한다. 오리 예시 작품에 검정선을 따라 그린다.

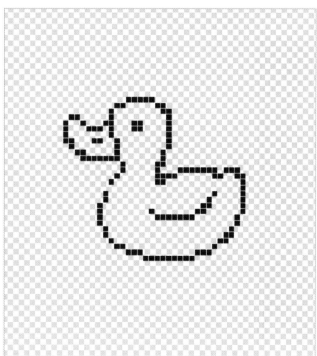

③ 페인트 버킷 툴(⬧)을 선택한 뒤 색상 선택 버튼을 눌러 주황색을 선택한다. 부리 부분을 클릭하여 주황색으로 부리를 채색한다. 같은 방법으로 살구색을 선택하여 오리 몸통을 채색한다.

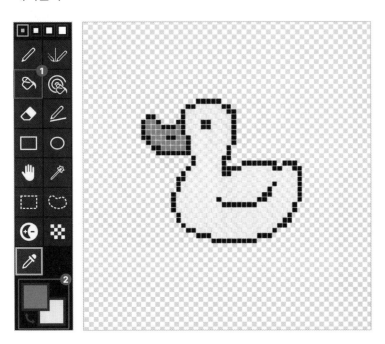

④ 레이어 창에서 레이어 추가(➕)버튼을 눌러 layer 2를 생성한다. layer 2를 누른 뒤 레이어 아래 이동(⬇)버튼을 눌러 layer 2가 layer 1 아래에 위치하도록 한다.

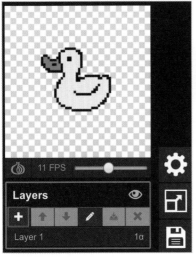

5 layer 2를 선택한 상태에서 페인트 버킷 툴(🖌)을 이용해 하늘색으로 캔버스를 채운다

6 스트로크 툴(✏)을 선택하고 파란색으로 직선을 그은 뒤 아랫부분은 페인트 버킷 툴
(🖌)을 이용해 파란색으로 채운다.

7 레이어 창에서 layer 1을 선택한 뒤 무브 툴(🤚)을 선택하여 오리를 화면 오른쪽 끝으로 이동시킨다. 이때 오리가 화면 밖으로 잘려 나가지 않도록 한다.

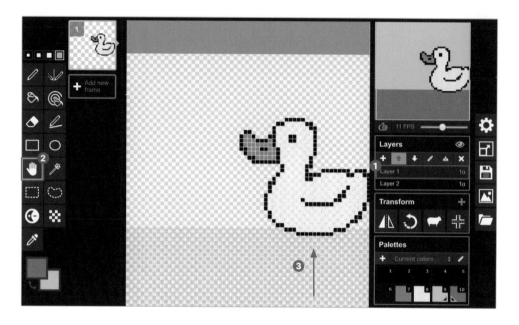

8 프레임 복제 버튼(📑)을 눌러 2번 프레임을 만든다. 2번 프레임을 선택한 뒤 무브 툴(🤚)을 이용하여 오리를 왼쪽으로 1픽셀 이동한다.

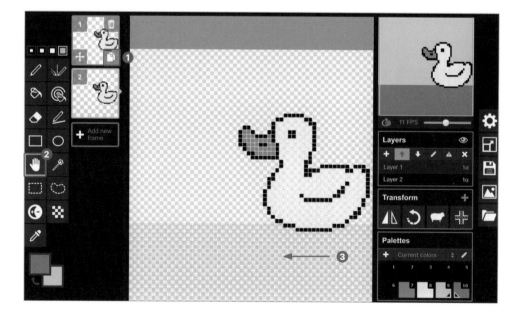

9 2번 프레임을 복제하여 3번 프레임을 만든 뒤 오리를 왼쪽으로 1픽셀 옮긴다. 이 과정을 오리가 캔버스 왼쪽 끝까지 도착할 때까지 반복한다.

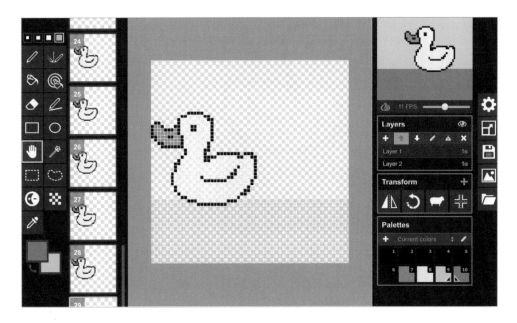

10 FPS를 10으로 설정한 뒤 익스포트 버튼을 누른다. 60×60px그대로 출력할 경우 결과물 크기가 너무 작으므로 Scale에서 20배를 선택해 준다. 다운로드 버튼을 눌러 저장하면 애니메이션 이미지 파일이 생성된다.

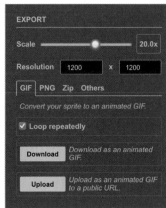

⓫ save 버튼(🖫)을 눌러 Title에 파일 이름을 입력한 뒤 Save as ... 버튼을 눌러 작업 파일을 저장할 수 있다. 파일은 '~.piskel' 형식으로 저장된다. 저장한 작업 파일을 불러올 때에는 IMPORT버튼(🗁)을 누른 뒤 Browse .piskel files 버튼을 눌러 저장했던 파일을 불러올 수 있다. 빈 피스켈 화면에 저장 파일을 드래그 앤 드랍해도 파일 불러오기가 가능하다.

3차시 : 예제 작품을 변형하여 자신의 작품 만들기

앞선 2차시에 제작한 오리 예제 작품에 구름이나 물결을 추가하거나 오리의
모습을 변형하여 새로운 작품을 만들어 보자.

4차시 : 작은 크기의 연습 작품 만들기

30×30px정도의 작은 크기의 캔버스를 설정하여 간단한 작품을 자유롭게 만들
어 보자. 3, 4학년의 경우 이 차시를 길게 편성하여 최종 활동으로 설정해도 좋다.

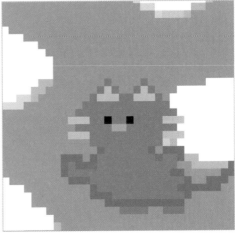

5~6차시 : 원하는 크기의 캔버스 설정 후 자유롭게 도트 애니메이션 만들기

60×60px나 100×100px 정도의 캔버스 크기를 추천한다. 두 차시 정도의 시간을 계획하면 고학년의 경우 충분히 작품을 완성할 수 있다. 완성도를 높이려면 두 차시 정도를 추가로 편성하는 것도 좋다.

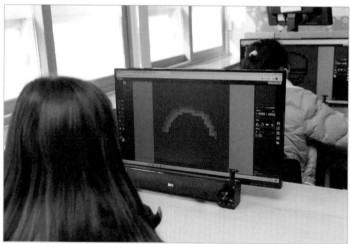

미술 감상 수업
구글 아트 앤 컬처, 패들렛

01 구글 아트 앤 컬처 둘러보기

◆ **준비물** : PC 또는 태블릿 PC

◆ **학년** : 중학년 이상 가능, 고학년 추천

◆ **영역** : 감상

◆ **소요 시간** : 2차시 구성

◆ **사용 프로그램** : 무료, 컴퓨터(윈도, 매킨토시) 지원, 모바일 앱 지원(Android, iOS))

◆ **프로그램 링크** : artsandculture.google.com

아트 앤 컬처(Art&Culture, 이하 AnC)는 구글과 파트너 관계에 있는 미술관 소유의 작품들을 온라인에서 고화질로 감상할 수 있도록 제공하는 구글의 문화예술 프로젝트이다. 2011년 '구글 아트 프로젝트'라는 이름으로 시작하여 40개국의 151개 미술관이 참가하며 시작되었다. 2023년 현재 구글 아트 앤 컬처에 참여하고 있는 주요 미술관으로는 뉴욕 메트로폴리탄 미술관, 뉴욕 현대미술관, 스페인 구겐하임 빌바오 미술관, 대영박물관 등 이름만 들어도 알 만한 세계의 주요 미술관들을 비롯해 전 세계 총 2,000개 이상의 예술 기관이 참가하고 있다. 우리나라는 국립중앙박물관과 고궁박물관을 비롯해 70여 개의 예술 기관이 참가하고 있다.

구글에서는 파트너 관계에 있는 미술관의 작품들을 고성능의 맞춤형 아트 카메라를 통해 초고해상도로 촬영하고 디지털화하여 구글 아트 앤 컬처를 통해 제공하고 있다. 덕분에 교실에서 이루어지는 미술 감상 수업에서도 고화질의 미술 작품을 학생들에게 제공할 수 있으며 작품의 질감까지 생생하게 확대해 볼 수 있다. 또한 구글 아트 앤 컬처에서 제공하는 작품 사진과 관련 정보들은 구글이라는 글로벌 기업과 세계적 예술 기관들이 공식적으로 협력하여 제공하기에 신뢰도가 100%라 볼 수 있다. 때문에 다양한 수업 상황에 믿고 활용할 수 있다.

AnC를 활용하는 미술 감상 수업을 준비해 보자. AnC를 활용하고자 할 경우 학생들은 노트북이나 태블릿 PC를 사용할 수 있는 환경이 마련되어야 한다. AnC를 감상 노트북과 태블릿 PC 중에는 AnC가 제공하는 증강현실 기능을 사용하기 위해 카메라가 내장된 태블릿 PC를 더 추천한다. AnC는 초고화질 이미지를 제공하기에 확대하여 작품의 질감, 사용된 기법, 재료 등을 추측하기 적합하다. 또한 작가에 대한 정보와 작가의 다른 작품, 다른 작가의 비슷한 작품 등 다양한 정보를 유기적으로 탐색할 수 있다.

앞서 소개한 '실문 감상 보형'을 사용하여 학생들이 주체적으로 그림을 감상하는 과정에서 AnC의 초고화질 이미지를 적극 이용한다. 또한 3차시에 작품과 작가에 대한 정보를 조사하고 정리하는 과정에서 AnC의 다양한 정보를 활용한다.

① 구글 아트 앤 컬처 시작하기

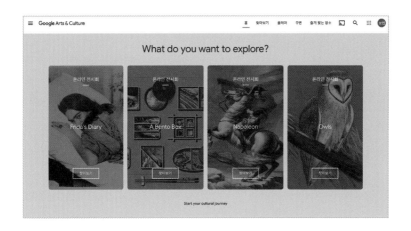

1 홈 화면

AnC를 처음 접속하면 다양한 콘텐츠를 추천하는 화면으로 시작한다. 구글 크롬(Chrome)브라우저를 사용할 경우 번역 기능을 제공한다. 우리나라 기관에서 제공한 자료들 외에는 대부분의 정보가 영어로 기술되어 있으므로 번역 기능을 이용하는 것을 추천한다.

홈 화면에서는 기본적으로 PC의 사용자가 평소 검색하거나 관심 있게 보았던 미술 작품에 대한 정보를 바탕으로 연관 자료들을 추천한다. 위에서 아래로 탐색하며 미술 상식, 예술 게임, 미술 작품 등 AnC에서 추천하는 다양한 콘텐츠를 즐길 수 있다.

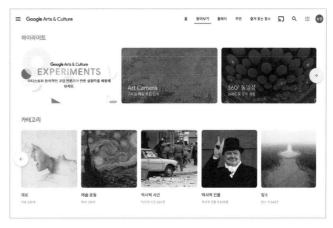

2 찾아보기

　찾아보기에서는 다양한 방법으로 그림을 체험하거나 탐색할 수 있는 콘텐츠들을 만날 수 있다. 크게 '하이라이트', '카테고리', '시간과 색상으로 탐색', '컬렉션', '주간 하이라이트', '인기 주제'의 6개 탭으로 나뉜다.

▣ 하이라이트

하이라이트는 'EXPERIMENTS', 'Art Camera', '360° 동영상', 'Street View'의 네 가지 기능을 제공한다.

1) EXPERIMENTS : 음악, 예술, 미술 콘텐츠로 제작한 다양한 게임을 체험할 수 있다. PC와 모바일 환경 모두에서 이용할 수 있는데 간혹 카메라를 사용하는 모바일 전용 콘텐츠도 있다. 찾아보기 탭 옆의 '플레이'로 접속할 수도 있다.

2) Art Camera : AnC에서 대부분의 작품 사진을 초고화질로 제공한다. Art camera에서 추천하는 콘텐츠들을 이용하면 다양한 주제와 관점, 테마로 고화질의 예술 작품을 상세하게 감상할 수 있다.

3) 360° 동영상 : 미술관, 건축물, 유적지, 조각상, 공룡, 멸종된 해양 동물 등 2023년 현재 약 400개의 360° 동영상을 체험할 수 있다. 일반 모니터에서 체험이 가능하며 VR 기기가 있다면 연동하여 사용할 수 있다.

4) Street View : 타지마할, 오페라하우스, 뉴욕 거리의 벽화 모음, 뱅크시 벽화 등의 다양한 장소부터 미술관 내부, 전시회 등 예술과 관련된 실내 장소들을 스트리트 뷰 형식으로 이동하며 체험할 수 있다. 유럽 원자핵 연구소(CERN)의 강입자 충돌기나 우주 왕복선 내부 등 예술 외에도 다양한 주제로 탐험을 할 수 있다. 구글에서 제공하는 설명과 해설을 함께 이용할 수 있는 것이 큰 장점이다.

2 카테고리

아티스트, 재료, 예술 운동, 역사적 사건, 역사적 인물, 장소까지 여섯 가지 카테고리를 선택하여 전문적인 해설과 사진, 연관 자료 등을 만날 수 있다.

3 시간과 색상으로 탐색

다양한 예술 작품과 유물, 유적들을 역사의 순서대로 탐색하거나 색상으로 묶어 탐색할 수 있다.

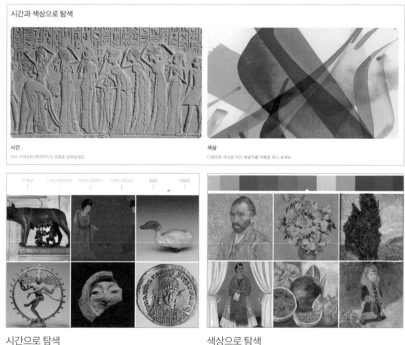

시간으로 탐색　　　　　　색상으로 탐색

4 테마

인류사, 과학, 사회, 시사, 경제, 건축, 미술, 음악, 인권운동 등 다양한 이야기들을 테마별로 탐구할 수 있다.

5 컬렉션

뉴욕 현대미술관, 반 고흐 미술관, 백악관 등 다양한 예술 기관이나 사회 기관에서 제공하는 정보들을 탐색할 수 있다.

6 주간 하이라이트

찾아내기 영역 내의 다양한 콘텐츠 중 주목할 만한 것을 주별로 12가지 정도 추천해 주는 영역이다.

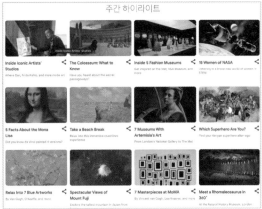

7 인기 주제

AnC에서 자주 검색되거나 조회수가 높은 콘텐츠를 추천해 주는 영역이다.

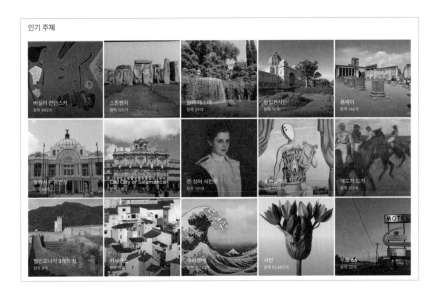

3 플레이

앞서 살펴본 '찾아내기' 탭의 'EXPERIMENTS'와 같은 메뉴로 연결된다.

4 주변

나의 현재 위치를 기반으로 주변의 가까운 박물관이나 전시회를 추천해 준다. PC보다는 GPS가 내장되어 있는 핸드폰이나 태블릿 PC로 이용하는 것이 좋다. 다만 이 메뉴는 구글맵을 기반으로 정보를 제공하는데 우리나라는 국토부 장관 허가 없이는 지도의

해외 반출이 금지되어 있다. 때문에 구글맵에서 제공되는 우리나라 지도와 정보는 신뢰도가 높지 않다. 이 메뉴에서 박물관이나 전시회를 찾았더라도 국내 업체의 지도 앱이나 해당 기관 홈페이지 등에서 반드시 확인하고 방문해야 한다.

5 즐겨 찾는 장소

'즐겨 찾는 장소'라 번역되어 제공되지만 '즐겨찾기' 기능이라 봐야 한다. 작품이나 스토리, 테마 등에 하트 아이콘을 눌러 두었다면 이 탭에서 모아 볼 수 있다.

6 검색 기능

내가 찾고 싶은 화가나 작품명, 박물관 등 검색어를 통해 AnC의 콘텐츠를 검색할 수 있다. 우리나라 기관을 포함하여 거의 모든 기관에서 콘텐츠에 대한 정보를 영어로 제공하고 있으니 영어로 검색하길 추천한다.

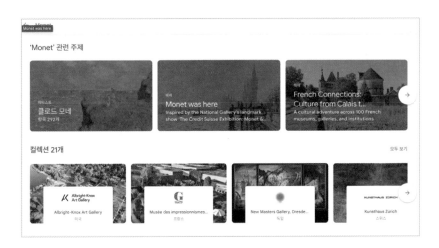

② 관련 성취 기준

· 미술 작품을 자세히 보고 작품과 미술가에 관해 질문할 수 있다.

· 미술 작품의 특징과 작품에 관한 자신의 느낌과 생각을 설명할 수 있다.

· 작품 감상에 흥미를 가지고 참여하며 작품에 대한 자신의 감상 관점을 존중할 수 있다.

· 미술 작품을 작품이 만들어진 시대적, 지역적 배경 등과 연결하여 이해할 수 있다.

· 미술 작품의 내용(소재, 주제 등)과 형식(재료와 용구, 표현 방법, 조형 요소와 원리 등)을 분석하여 작품의 특징을 설명할 수 있다.

· 다양한 방법을 활용하여 작품을 감상하며 작품에 관한 서로 다른 관점을 존중할 수 있다.

부록에서 소개한 '질문 감상 모형'과 AnC를 활용하여 성취 기준 감상 영역에서 제시하는 대다수의 성취 기준을 충실히 달성할 수 있다. 다만 교사는 3, 4학년과 5, 6학년의 감상 수업 성취 기준의 차이를 인지하여 수업을 구성해야 한다. 3, 4학년은 '작품과 미술가' 정도의 정보만 알아보지만 5, 6학년은 작품이 만들어진 '시대적, 지역적 배경'과 연결하여 이해한다는 큰 차이점이 있다. 성취 기준과 학년 수준에 맞도록 자료와 정보를 교사가 정제하여 제시해야 한다.

③ 수업 흐름도

작품 감상하기
1차시 : 질문 감상 모형으로 작품을 감상하기
2차시 : 작품을 통해 상상한 내용을 글로 써 보기

작품의 정보 알아보기
3차시 : 작품과 작가에 대해 조사하여 발표하기

부록에서 소개한 '질문 감상 모형'과 AnC를 활용한 감상 수업이다. 질문 감상 모형을 처음 접하는 학생들이라면 교사가 질문을 제시하고 질문 감상 모형에 익숙하다면 학생들이 질문을 만들어 진행한다. 차시 편성에 여유가 없다면 2차시를 생략하고 진행해도 좋다. 3차시에는 학생들이 작품과 작가에 대한 정보를 직접 찾아 탐구하되 AnC를 사용하여 신뢰도 높은 정보를 탐색하도록 한다.

④ 차시별 수업 과정 상세히 살펴보기

1차시 : 질문 감상 모형으로 작품을 감상하기

부록에서 소개한 '질문 감상 모형'으로 미술 작품을 감상한다. 포스트잇을 사용하여 아날로그로 활동하거나 패들렛을 활용하여 온라인으로도 활동할 수 있다. 학생들의 반응을 직관적으로 공유하기에는 포스트잇이 좋다. 패들렛을 활용하면 해당 차시 수업이 끝난 뒤에도 학생들의 반응을 기록해 둘 수 있다는 장점이 있다.

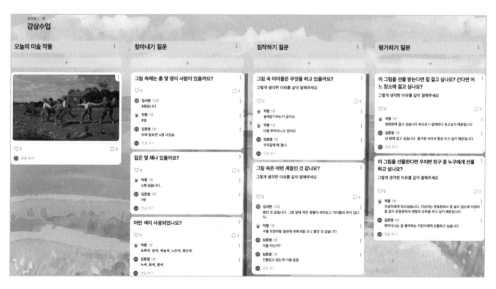

2차시 : 작품을 통해 상상한 내용을 글로 써 보기

부록에서 소개한 다양한 '작품 글짓기' 주제들을 활용하거나 새로운 주제로 글짓기 활동을 한다. 글을 쓴 뒤에는 모둠별로 돌려 읽거나 전체 발표 등을 통해 친구들의 다양한 상상력을 엿볼 수 있도록 한다.

3차시 : 작품과 작가에 대해 조사하여 발표하기

태블릿 PC 등의 기기와 AnC를 활용하여 조사한다. AnC는 한국어 번역을 제공하지만 기본적으로 영어 기반의 서비스이기에 초등학생 수준에서 정보 검색에 어려움이 있다. AnC에서 정보를 직접 검색하기보다는 교사가 제시한 링크들을 탐색하여 정보를 조합하도록 하는 것이 좋다.

⑤ 평가 기준 및 평가 방법

평가 기준

상	중	하
질문 감상 모형을 통해 작품을 감상하여 상상력이 풍부하게 담긴 글짓기를 하며 디지털 기기를 이용해 작품에 대한 정보를 조사하여 매우 잘 정리한다.	질문 감상 모형을 통해 작품을 감상하여 상상력을 담아 글짓기를 하며 디지털 기기를 이용해 작품에 대한 정보를 조사하여 정리한다.	질문 감상 모형을 통해 작품을 감상하여 글짓기를 하고 디지털 기기를 이용해 작품에 대한 정보를 조사한다.

평가 방법

지필 평가, 관찰 평가, 자기 평가

온라인 전시회
ZEP, 패들렛

01 ZEP 둘러보기

◆ **사용 프로그램** : 무료 및 PRO버전 유료, 컴퓨터(윈도, 매킨토시) 지원, 모바일 앱 지원 (Android, iOS)

◆ **프로그램 링크** : www.zep.us

    ZEP은 네이버의 자회사 네이버제트(NAVER Z)와 '돌 키우기 온라인', '바람의 나라:연'과 같은 모바일 게임을 제작한 슈퍼캣(SUPERCAT)이 함께 설립한 합작 법인 ZEP(젭)에서 제공하는 동명의 메타버스 플랫폼 서비스이다. 2022년 3월부터 정식으로 서비스하기 시작했다. 높은 사양과 용량을 필요로 하는 3D가 아닌 심플하고 귀여운 2D도트 이미지로 메타버스 공간을 구현한 것이 특징이다. 덕분에 교사와 학생 모두 메타버스 공간을 쉽게 익히고 누릴 수 있다. 접속 데이터를 분석하거나 접속 주소 및 로딩 화면 커스터마이즈 등의 PRO 기능들은 유료로 제공하지만 메타버스 공간을 만들고 공유하는 것은 무료로 제공된다. 무료 기능의 경우 20명까지 하나의 공간에 동시 접속이 가능하다.

    처음부터 벽과 바닥, 오브젝트 등을 모두 스스로 제작하여 메타버스 공간을 꾸밀 수도 있지만 많은 시간과 노력이 투입되는 일이다. ZEP에서 기본적으로 제공하는 다양한 템플릿을 바탕으로 자신만의 공간을 만드는 것이 효율적이다.

학습 문제를 해결하여 밀실을 탈출하는 방탈출 게임이나 퀴즈쇼 등 다양한 교과에서 응용할 수 있다. 무엇보다 ZEP이 제공하는 메타버스 공간을 효과적으로 활용할 수 있는 영역은 미술 교과이다. 메타버스 공간에 자신이 1년 동안 미술 시간에 만든 작품들을 전시할 수 있다. 학급 게시판이나 패들렛을 활용하여 온라인 전시회를 열 수도 있겠지만 ZEP 미술관에서 자신의 작품을 전시하고 공유하는 활동은 학생들에게 더 유의미한 경험으로 남을 것이다.

ZEP 미술관 전시

ZEP은 컴퓨터와 모바일 모두에서 이용할 수 있으며 윈도, 매킨토시, 안드로이드, iOS 모두를 폭넓게 지원하고 있어 디지털 기기에 제약을 받지 않고 이용이 가능하다. 하지만 내 스페이스를 꾸밀 수 있는 '맵 에디터' 기능은 PC에서만 사용이 가능하다. 모바일에서는 ZEP애플리케이션을 통하여 메타버스 공간을 탐색할 수 있으며 PC에서는 웹으로 접속하여 메타버스 공간을 체험하거나 자신만의 스페이스를 꾸밀 수 있다. 윈도와 매킨토시 PC 모두에서 크롬 브라우저나 웨일 브라우저로 접속하는 것을 추천한다.

① ZEP 시작하기

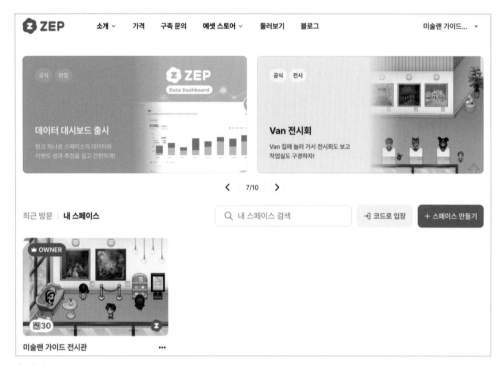

홈 화면

① 홈 화면

ZEP은 구글이나 네이버 아이디, 이메일 주소 3가지의 방식으로 회원 가입할 수 있다. 학생들은 학교에서 발급한 구글 아이디로 ZEP에 회원 가입하는 것을 추천한다. ZEP에 접속하여 로그인하면 내가 꾸민 공간을 보여 주는 '내 스페이스'가 기본 화면으로 제공된다. 상단의 '소개', '가격' 등의 메뉴 중 '에셋 스토어'만 알아 두면 된다. → 코드로 입장 + 스페이스 만들기 로 친구의 스페이스를 방문할 수 있으며 → 코드로 입장 + 스페이스 만들기 로 나의 스페이스를 제작할 수 있다.

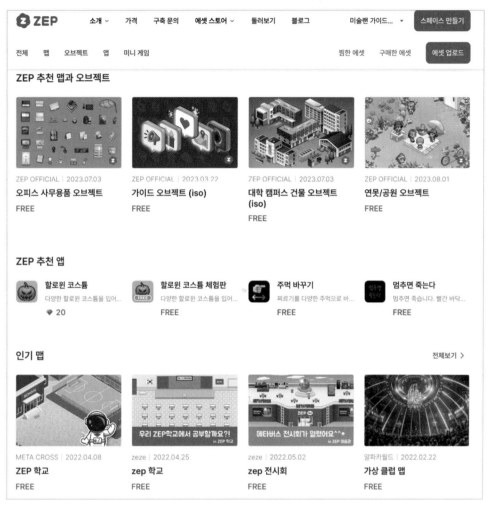

에셋 스토어 화면

2 에셋 스토어

ZEP에서는 내 스페이스를 꾸미기 위한 나무나 가구, 벽지 등의 다양한 아이템들을 '에셋'이라 부른다. 이러한 에셋을 포함하여 다양한 맵과 연동 앱, 게임 등을 구매하거나 다운로드할 수 있는 곳이 '에셋 스토어'이다. 유료로 판매하는 에셋들도 있지만 무료로 제공되는 에셋들도 충분히 많으니 적극 이용하는 것을 추천한다. 자신이 만든 에셋을 업로드하여 수익을 창출하는 것도 가능하다.

❸ 스페이스 만들기

자신의 스페이스 공간을 만들 수 있다. 빈 맵에서 시작하기보다는 ZEP에서 기본적으로 제공하는 맵을 사용하는 것이 초등학생에게 효율적이다. 이 글에서는 탭에 있는 '전시관(전시품 30점)' 맵을 이용하여 예시 자료를 제작했다. 예시 자료로 만든 전시관은 아래 링크에서 확인할 수 있다. 학생들이 메타버스 개인 전시회를 할 때에는 '소형 전시관(전시품 10점)' 맵을 추천한다.

· 김보법 선생님 ZEP전시관 링크 : zep.us/play/DvanV9

② 기능 알아보기

1 맵 에디터 기본 기능 소개

ZEP의 맵 에디터는 워낙 다양한 기능을 가지고 있기에 이 글에서는 온라인 전시회를 열기 위해 필요한 기능을 중점으로 소개한다. ZEP의 맵 에디터는 학생들이 일상적으로 경험해 왔던 '동물의 숲'이나 '마인크래프트'에서의 조작과는 차이가 있어 처음에 혼란을 겪을 수 있다. 때문에 차근차근 맵 에니터의 기능에 익숙해질 필요가 있다. 초등학생들의 수준에서는 바닥과 벽을 편집하는 것은 비효율적이기에 ZEP에서 제공하는 템플릿을 사용하여 오브젝트만 활용하는 것을 추천한다.

맵 에디터 첫화면

1 상위 메뉴

❶  : 바닥 이미지를 삽입하거나 편집한다.

❷ : 벽 이미지를 삽입하거나 편집한다.

오브젝트

🛒 에셋 스토어

Aa 텍스트 오브젝트   + 추가

MY 나의 오브젝트   + 추가   ∨

🏠 내추럴 하우스 오브젝트 (iso)   ∨

Ⓐ 워드아트   ∨

💻 사무실   ∨

회전 및 반전   ↱ ↰ ◁ ◁|

크기 조절(%)   W 100   H 100

위치 조정(px)   X □□   Y □□

↻ 설정 초기화

오브젝트 화면

❸   : 소파, 액자, 컴퓨터 등 다양한 사물을 삽입할 수 있는 메뉴다. 오브젝트와 상단 오브젝트 화면 속 배치에만 차이점이 있다. 오브젝트의 경우 아바타의 아래에 위치하게 되고 상단 오브젝트의 경우 아바타의 위에 위치하게 된다.

오브젝트 위치

상단오브젝트 위치

대부분의 사물은 오브젝트로 넣지만 입체 작품이나 기둥과 같은 사물은 상단 오브젝트로 넣는다. 온라인 미술관을 꾸밀 때에는 벽에 전시하는 그림들은 오브젝트로 넣고 중간 공간에 세우는 입체 작품은 상단 오브젝트로 넣는 것을 추천한다.

❹ : 아바타의 움직임과 동선을 설정하는 메뉴이다. 처음 접속 시 시작할 위치를 정하거나 아바타가 통과하지 못하는 영역 등을 설정할 수 있다. 그 밖에도 다른 맵으로 이동하거나 공간별로 스포트라이트를 비추는 등 아바타의 움직임과 관련된 다양한 설정을 할 수 있다.

② 하위 메뉴

도장, 지우개, 화살표, 스포이트 메뉴들은 독립적인 메뉴가 아닌 바닥, 벽, 오브젝트, 타일 효과의 하위 메뉴다. 상위 메뉴 무엇을 클릭해도 하위 메뉴들은 유지된다.

❺ : 상위 메뉴에서 선택한 효과를 맵에 찍어내는 메뉴이다. 한 번 찍은 도장은 이동이나 수정이 불가하다. 위치를 바꾸기 위해서는 지우개를 이용해 지우고 새로 도장을 찍어야 한다.

❻ : 이미 찍어 낸 오브젝트, 바닥, 벽, 타일 효과를 지우는 기능이다.

❼ : 맵에 어떤 영향도 주지 않고 현재 보는 화면의 시점을 옮기는 기능이다.

❽ : 맵에 이미 찍혀 있는 상위 메뉴들을 그대로 복사하는 기능이다. 주로 오브젝트의 위치를 바꿔야 할 때 스포이트로 오브젝트를 복사한 뒤 새로 원하는 위치에 도장을 찍고 지우개를 이용해 기존의 오브젝트를 지운다.

3 기타 메뉴

❾ **되돌리기와 다시 하기** : 방금 한 작업을 취소하거나 취소한 작업을 다시 실행할 수 있다.

❿ **맵 크기 조정** : 맵의 크기를 다시 조정하는 메뉴이다. 맵 전체를 커스텀할 때는 사용할 일이 있으나 기본 템플릿을 사용할 경우 사용할 필요가 없다.

⓫ **저장** : 지금까지의 작업 내용을 저장한다.

⓬ **저장 후 플레이** : 지금까지의 작업 내역을 저장하고 새 창에서 내 맵을 아바타가 탐색할 수 있도록 실행한다.

02 ZEP에서 개인전 열기 기능 안내

ZEP의 전시관 템플릿을 이용하여 학생들이 온라인 개인 전시회를 여는 데 필요한 과정과 ZEP 조작법에 대해 소개한다.

1 작품 스캔 또는 사진 찍기

학생 개인 작품을 스캐너로 스캔하거나 카메라로 사진을 찍어야 한다. 학기 말에 몰아서 찍을 경우 작품 수가 많아 번거로울 수 있으므로 평소에 찍어 두는 것이 좋다. 교사가 스캔하거나 촬영한 작품 이미지는 학급 홈페이지, e학습 터 게시판, 구글 드라이브 등으로 학생들에게 전달해 줄 수 있다. 학급 운영비로 4GB 정도 용량의 USB 드라이브를 개인별로 구매해 주는 것도 좋은 방법이다.

보정하기 전 사진

보정한 사진

② 작품 이미지 보정하기

자기 작품 이미지를 전시에 알맞게 편집하고 보정한다. 이미지의 수평을 맞추거나 필요 없는 여백을 잘라 내는 것들이 가장 기본적인 편집이다. 포토스케이프를 사용해 작품에서 잘못 그렸거나 거슬리는 부분을 수정하도록 한다.

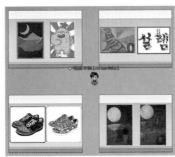
오브젝트 이미지 예시

액자 효과 오브젝트

팝업 이미지 예시

③ 오브젝트 이미지와 팝업 이미지 준비하기

ZEP 전시관에 사진을 업로드하기 위해서는 작품 하나당 2장의 이미지가 필요하다. 하나는 메타버스 공간에 걸려 있을 오브젝트 이미지이고 다른 하나는 오브젝트를 활성화했을 때 팝업되는 팝업 이미지이다. 두 가지 모두 이미지 파일의 크기가 너무 과하면 ZEP 업로드 시 오류가 날 수 있기 때문에 적당한 크기로 설정하는 것이 좋다. 픽셀 크기 기준 가로세로가 2,000픽셀(px)을 넘지 않는 파일이 좋다.

오브젝트 이미지의 경우 포토스케이프 프로그램을 이용하여 액자 효과를 넣어 주면 ZEP 전시관에 전시하기에 효과적이다. 마찬가지로 팝업 이미지 또한 포토스케이프를 이용하여 작품을 설명하는 텍스트를 넣어 주는 것이 효과적이다.

④ ZEP에 전시관 열기

가. ZEP에 접속 및 로그인한 뒤 +스페이스 만들기 를 클릭한다.

ZEP접속 화면

나. 템플릿 선택 창 상단에서 행사 를 선택한 뒤 '소형 전시관(전시품 10점)' 템플릿을 선택한다.

템플릿 고르기

다. 스페이스 설정 창에서 스페이스 이름을 입력하고 만들기 를 클릭한다.

스페이스 설정

라. ZEP 전시관으로 진입했다면 화면 왼쪽 하단의 ⟨🔨 맵 에디터⟩를 클릭한다.

마. 맵 에디터로 진입했다면 '오브젝트-지우개'를 클릭하여 전시관 내에 있는 모든 액자와 전시품, 벽 조명을 삭제한다.

맵 에디터

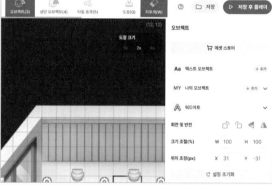

정리한 화면

바. '오브젝트-도장'을 클릭한 뒤 ⟨MY 나의 오브젝트⟩의 ⟨+ 추가⟩를 클릭하고 미리 만들어 놓은 오브젝트 이미지를 선택한다. ⟨MY 나의 오브젝트 + 추가⟩ 아이콘 옆의 ⟨∨⟩버튼을 눌러 내가 가져온 이미지를 선택한다.

오브젝트 선택 화면

사. 처음 오브젝트 이미지를 불러왔다면 화면상에 매우 큰 크기로 보이게 된다.

크기 조절(%) 위치 조정(px) 에서 W값과 H값을 조정하여 크기를 조절한다. W값과 H값은 통일해서 같은 숫자로 넣는 것이 좋다. 보통 8~20 사이의 숫자를 넣어 보며 크기를 조정하는 것이 효과적이다. 이미지의 크기를 맞추었더라도 벽에 찍으려 하면 무언가 이미지의 위치가 이상하다는 느낌을 받을 것이다. 이때 크기 조절(%) 위치 조정(px) 숫자를 조정하면 이미지의 위치를 설정할 수 있다. X값은 이미지의 좌우 위치를 의미한다 양수를 입력하면 입력값만큼 오른쪽으로 이동하고 음수를 입력하면 입력값만큼 왼쪽으로 이동한다. Y값은 위아래 위치를 의미한다. 양수를 입력하면 입력값만큼 아래로 내려가고 음수를 입력하면 입력값만큼 위로 올라가게 된다.

사진 크기 및 위치 조절

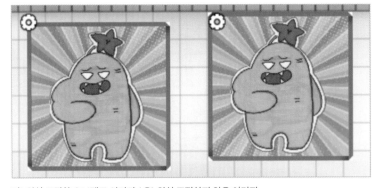

좌) 위치 조정한 오브젝트 이미지 / 우) 위치 조정하지 않은 이미지

오브젝트 이미지 삽입

오브젝트 이미지의 크기 조절과 위치 조정이 끝났다면 원하는 위치에 클릭하여 오브젝트 이미지를 전시관 사진 공간에 새긴다. 주의할 점은 한 번 찍은 오브젝트 도장은 삭제만 가능하고 수정이 불가능하다는 것이다. 크기나 위치를 수정하기 위해서는 지우개 툴로 오브젝트를 지운 뒤 도장 툴로 새로 찍어 내야 한다.

오브젝트 반응 설정창

팝업 이미지 설정창

아. 찍어낸 오브젝트 이미지 왼쪽 상단에 아이콘을 클릭하면 오브젝트의 다양한 반응을 설정할 수 있다. 이미지 팝업 을 선택한 뒤 앞서 만들어 두었던 팝업 이미지를 업로드한 다. 팝업 이미지의 이름을 입력하고 실행 범위는 '2'로 입력한다.

자. 화면 상단 오른쪽의 (🗀 저장) 버튼을 클릭하여 설정을 저장한다.

차. (▷ 저장 후 플레이)를 클릭하여 메타버스 공간을 나와 반영 사항을 확인할 수 있다.

5. 메타버스 공간으로 나와 우측 상단의 (초대 링크 복사)를 눌러 내 메타버스 전시관으로 사람들을 초대할 수 있다.

Tip

1. 학생의 입체 작품을 오브젝트 이미지로 넣을 경우 캔바의 배경 제거 기능을 사용하는 것을 추천한다. 자세한 사항은 캔바 파트를 참고하자.
2. 오브젝트 이미지와 팝업 이미지 모두 사진 크기가 너무 크지 않은 것이 좋다. 가로·세로 길이 중 가장 긴 길이 기준 2,000픽셀 이하로 설정하자.
3. ZEP공간에 방명록을 설정할 수 있다. 메타버스 전시관으로 진입하여 왼쪽 메뉴에서 ➕ 버튼을 클릭하여 🎨 방명록 을 설치하면 메타버스 전시관에 방문한 사람들이 방명록을 작성할 수 있다.

03 ZEP 온라인 전시회 수업

2D 메타버스 서비스인 ZEP을 이용하여 온라인으로 개인 전시회를 여는 미술 감상 수업이다. 현실에서는 학생 개인 전시회를 여는 것은 금전적, 공간적으로 부담이 크지만 온라인 메타버스 공간에서는 부담 없이 나만의 전시 공간을 만들 수 있다. 패들릿이나 학급 홈페이지를 통해서 자기 작품을 소개할 수 있지만 ZEP을 이용하면 실제 미술관 같은 공간에서 몰입감 있는 전시를 하는 경험을 할 수 있다. 나의 작품들을 어떻게 배치하여 전달력이 좋은 전시관을 만들 수 있을지 고민하며 정성 들여 전시관을 꾸미고, 전시 공간을 링크나 QR코드를 통해 쉽게 공유할 수 있다.

1 성취 기준

· 미술 문화에 관심을 가지고 전시 및 행사에 참여할 수 있다.
· 작품 감상에 흥미를 가지고 참여하며 작품에 대한 자신의 감상 관점을 존중할 수 있다.
· 이미지가 나타내는 의미를 비판적으로 이해하고 느낌과 생각을 전달하는 데 활용할 수 있다.
· 주제 표현에 의지를 갖고 표현 과정을 되돌아보며 작품을 발전시킬 수 있다.
· 공동체의 미술 문화 활동에 관심을 가지고 참여하며 경험을 공유할 수 있다.
· 다양한 방법을 활용하여 작품을 감상하며 작품에 관한 서로 다른 관점을 존중할 수 있다

3~6학년 감상 영역 성취 기준에는 자신의 작품을 전시하는 행사에 참여하도록 하는 성취 기준이 제시되어 있다. 그렇지만 전시회는 학교 현장에서 실제로 진행하기에 어려움이 있을뿐더러 교실에서 작품 전시를 하더라도 개인 전시회는 아니라는 제약이 있다. ZEP의 메타버스 공간을 이용한 개인 전시회는 이러

한 감상 영역 성취 기준을 충실하게 달성할 수 있다.

메타버스 전시를 위해 작품 이미지를 보정·편집하며 표현 과정을 되돌아보며 작품을 발전시킬 수 있다. ZEP 전시관을 꾸미며 오브젝트 이미지들을 비판적으로 이해하고 의도를 담아 느낌과 생각을 전달하는 데 활용할 수 있다. 예술 작품은 전시회를 통해 많은 대중과 만난다는 미술 문화를 체험할 수 있으며 친구들의 전시관을 비교해 보며 작품에 관한 서로 다른 관점을 체험할 수 있다.

② 프로그램 사용 팁

ZEP은 PC를 활용하여 웹 환경에서 사용할 수 있다. 윈도와 매킨토시 두 가지 운영체제를 모두 지원한다. 네이버Z에서 제공하는 서비스인 만큼 웨일 브라우저에서 가장 잘 구동되며 크롬에서도 좋은 구동성을 보인다. 스마트폰이나 태블릿 PC 전용 앱을 지원하지만 맵 에디터는 사용할 수 없다. 모바일에서는 메타버스 공간을 탐색하는 것만 가능하다. 계정 생성은 구글 계정, 웨일 계정, 이메일로 가능하지만 학교 구글 계정을 발급하여 계정을 생성하는 것이 가장 간편하다.

③ 수업 흐름도

> **기초 기능 익히기**
>
> **1~2차시** : ZEP 사용법을 익히기

> **전시관 꾸미기**
>
> **3차시** : 작품 이미지를 보정하고 편집하기
>
> **4차시** : 오브젝트 이미지와 팝업 이미지 준비하여 전시관을 꾸미기

> **전시관 감상하기**
>
> **5~6차시** : 학급 친구들의 전시관을 체험하고 방명록 남기기

ZEP 계정 생성을 포함하여 전시관을 꾸미는 기초 기능을 습득하는 1~2차시의 경우 디지털 매체에 익숙한 고학년이라면 1차시 수업으로도 충분히 진행 가능하다. 3~4차시의 경우 전시할 작품 수에 따라 추가 차시 편성이 필요할 수 있다. 또한 학생들이 포토스케이프 사용법을 어느 정도 익혔다고 가정한 수업 차시다. 포토스케이프를 처음 다루는 경우 기능 익히기 차시를 1차시 추가로 편성하길 추천한다. 5~6차시의 경우 스무 명 정도의 모든 학급 친구의 전시 공간을 방문하고 방명록을 남길 경우 2차시가 필요하지만 5명 정도로 방문을 제한할 경우 1차시의 수업으로도 충분하다. 1~4차시의 수업은 PC가 반드시 필요하지만 5~6차시의 수업은 스마트폰이나 태블릿 PC와 같은 모바일 기기로도 진행이 가능하다. 학생들의 작품 사진을 스캔하여 공유하는 과정은 교사의 수업 준비 단계에 해당하므로 차시 편성에는 추가하지 않았다.

④ 차시별 수업 과정 상세히 살펴보기

1~2차시 : ZEP사용법 익히기

ZEP 계정 생성을 비롯하여 맵 에디터 사용법 등을 익힌다. 학생들이 익혀야할 ZEP 사용 기능은 바로 앞의 '02. ZEP에서 개인전 열기 기능 안내'를 참고하자. 자기 작품 이미지나 교사가 준비한 이미지 한두 장을 맵 에디터를 이용하여 오브젝트와 팝업으로 배치하고 배치한 이미지를 삭제하는 기능 정도만 익혀도 충분하다.

3차시 : 작품 이미지를 보정하고 편집하기

작품 이미지 중 수정하고 싶은 부분을 수정하고 보정한다. 포토스케이프와 캔바를 주로 이용한다. 학급 특성과 교사의 수업 설계에 따라 다른 프로그램을 사용할 수도 있다. 작품 편집·보정과 관련된 기능은 캔바 파트를 참고하자. 학생들이 포토스케이프와 캔바에 대한 기능을 익히지 못했다면 1~2차시 정도 기능 익히기 차시를 추가 편성할 필요가 있다.

보정하기 전 사진   보정한 사진

4차시 : 오브젝트 이미지와 팝업 이미지 준비하여 전시관을 꾸미기

  오브젝트 이미지로 메타버스 공간에 표시될 이미지와 아바타가 작품의 활성
화 버튼을 눌러 자세히 관찰할 팝업 이미지를 준비하는 차시다. 주로 포토스케
이프를 이용한다. 이 차시에 필요한 기능 설명은 바로 앞의 '02. ZEP에서 개인
전 열기 기능 안내'를 참고하자.

액자 효과 오브젝트

팝업 이미지 예시

5~6차시 : 학급 친구들의 전시관을 체험하고 방명록 남기기

완성된 친구들의 메타버스 전시관을 방문하여 작품을 감상하고 방명록을 작성한다. 방명록을 작성할 때는 진지한 태도로 친구의 전시에서 느낀 점과 감명받은 점, 칭찬할 점을 위주로 작성하도록 지도한다. 자신의 전시관 접속 링크는 QR코드로 공유하는 것이 효과적이다. 크롬 브라우저에서는 다음과 같은 방법으로 QR코드 공유를 사용할 수 있다.

1. 자신의 스페이스 접속하기

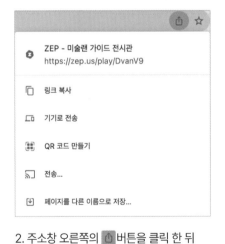

2. 주소창 오른쪽의 📤 버튼을 클릭 한 뒤 QR 코드 만들기 를 클릭한다.

3. 다운로드를 눌러 QR코드 이미지를 저장한다.

학생들의 QR코드를 모아 인쇄한 뒤 칠판에 게시하는 것이 효과적이다. 학생들은 태블릿 PC로 QR코드를 스캔하여 친구들의 메타버스 전시관을 방문할 수 있다.

5 평가 기준 및 평가 방법

평가 기준

상	중	하
자신의 작품 이미지를 알맞게 편집·보정하여 ZEP 메타버스 전시관에 의도를 담아 전시하며 친구들의 전시관을 방문하여 작품을 감상하고 방명록을 통해 잘한 점을 칭찬한다.	자신의 작품을 편집하여 ZEP 메타버스 전시관에 전시하며 친구들의 전시관을 방문하여 작품을 감상하고 방명록을 작성한다.	ZEP 메타버스 전시관에 자신의 작품을 전시하고 친구들의 전시관을 방문한다.

평가 방법

실기 평가, 관찰 평가

부록

미술 감상
수업 개론

명화나 예술 작품을 다루는 감상 수업이 초등학교에서 의미 있게 다뤄지는 사례는 사실 보기 드물다. 물론 미술 수업의 꽃은 표현 수업이기에 다양한 표현을 경험해 보는 것이 가장 의미 있다. 하지만 수행 평가를 위해서라도 학기에 한 번쯤은 해야 하는 감상 수업을 더 의미 있고 가치 있게 구성한다면 학생들에게 많은 도움이 될 것이다. 특별히 미술에 관심을 가진 성인이 되어 취미로 미술을 배우지 않는 이상 대부분의 사람은 학창 시절 이후 인생의 대부분을 미술 표현보다는 미술 감상을 하며 살아가게 된다. 즉 작품을 감상할 수 있는 안목을 길러 주는 것은 평생에 걸쳐 미술을 누릴 특권을 마련해 주는 것과 같다.

1 질문 감상 모형이란?

미술 감상 수업을 의미 있게 구성할 방법으로 펠드만의 미술 비평 모델에 기초한 '질문 감상 모형'을 추천한다.

먼저, 펠드만(Feldman)의 미술 비평 모델은 미술 작품에 대한 감상과 이해를 돕기 위해 개발된 단계적 비평 방법이다. 펠드만은 작품이 부분적인 것부터 시작하여 단계적으로 제작되는 것처럼 작품에 대한 감상도 부분적인 것부터 단계적으로 진행할 것을 주장했다. 미술 비평 모델은 서술, 분석, 해석, 평가의 네 단계로 이루어진다.

펠드만의 미술 비평 단계

가 서술 단계 : 작품의 크기, 재료, 색채, 구도, 기법 등 외형적인 특징을 관찰하는 단계. 작품을 처음 본 느낌과 눈에 보이는 것에 대해 이야기한다.

나 분석 단계 : 작품에 사용된 조형 요소와 원리 등을 탐색하고 표현 방법과 재료 및 용구를 객관적으로 분석하는 단계

다 해석 단계 : 자신의 경험과 감정을 바탕으로 작품을 해석하여 자신에게 어떤 의미가 있는지 생각해 보는 단계

라 평가 단계 : 작품의 미적 가치, 역사적 가치, 사회적 가치 등 다양한 가지를 판단하고 평가하는 단계

위와 같은 펠드만 모델은 초등학교 감상 수업에서 사용하기에는 다소 무리가 있다. 다음은 펠드만 비평 모델을 기초로 하여 초등학생들에게 맞게 재구성한 단계이다. '질문 감상 모형'으로 부르기로 하자.

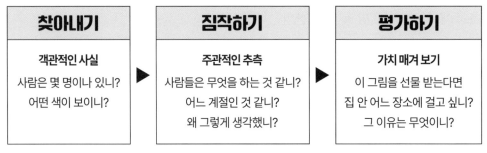

질문 감상 모형

질문 감상 모형은 질문과 응답을 통해 감상이 이루어지는 방법이다. 질문에 답하기 위해서는 작품을 관찰해야 하고 관찰한 내용을 다시 언어로 답해야 하므로 그림에 대한 몰입이 시작된다. 처음 모형을 경험하는 학기 초에는 교사가

단계별 질문을 던지고 학생들이 답하는 방식으로 수업이 이루어진다. 모형에 익숙해진 학기 중반부터는 학생들이 단계별 질문을 만들고 서로 답해 가는 방식으로 수업이 이루어진다. 질문을 만들기 위해서는 작품을 관찰하고 다양한 사고를 해야 하기에 응답만 할 때보다 더 깊은 감상이 이루어진다.

2 질문 감상 모형 단계

카 찾아내기(10분)

작품을 관찰하여 찾아낼 수 있는 객관적인 질문을 던지는 단계다. 작품마다 다른 질문들을 만들 수 있겠지만 위 그림으로 예를 들어 보면 "사람은 몇 명이 있을까?", "집은 몇 채나 있을까?", "어떤 색들이 사용됐을까?"와 같은 질문들을 만들 수 있다. 이런 질문에 답하기 위해서는 작품을 관찰하여 단서들을 찾고 언어화하여 응답해야 한다. 한 학생이 "8명이 있어요."라고 응답하면 다른 학생들은 자연스럽게 그 응답이 맞는지 작품을 관찰하여 확인하게 되고 이견이 있다면 반박하는 다른 응답을 제시한다. 이러한 과정에서 작품에 대한 초기 몰입이 시작된다. 감상 수업을 40분 계획했다면 10분 정도를 이 단계에 할애한다.

④ 짐작하기(30분)

응답자의 주관적인 추측이 포함되는 질문을 던지는 단계다. 위 그림을 예로 들어보자. "그림 속 사람들은 무엇을 하고 있는 것 같니?", "어느 계절인 것 같니?", "어느 나라인 것 같니?", "몇 시인 것 같니?"와 같은 질문을 만들 수 있다. 조금 더 발전된 질문으로는 "그림 속으로 소풍을 떠난다면 준비물로 무엇을 챙기겠니?(다섯 가지 이내)", "작품 속에 등장하는 인물들은 어떤 대화를 하고 있을 것 같니?" 등이 있다. 이런 질문들에 응답할 때는 반드시 '왜 그렇게 생각하는지'에 대해 말하도록 한다. 응답자는 작품 속에서 관찰한 다양한 요소에 자신의 주관을 넣어 답하게 된다. 이 주관이 섞인 응답 그 자체가 '작품에 대한 감상'이다. 또한 이때 다른 학생들은 자연스럽게 자신의 생각과 비교하게 되고 응답자가 제시한 이유와 단서들을 검토하기 위해 또다시 작품을 관찰하게 된다. 이 과정에서 응답자의 관점을 수용할 수도, 자신의 관점을 정립할 수도 있다. 이러한 일련의 과정들은 아래와 같은 2022 개정 교육과정의 성취 기준을 충실히 달성하기도 한다.

- 미술 작품의 특징과 작품에 관한 자신의 느낌과 생각을 설명할 수 있다.
- 작품 감상에 흥미를 가지고 참여하며 작품에 대한 자신의 감상 관점을 존중할 수 있다.
- 미술 작품의 내용(소재, 주제 등)과 형식(재료와 용구, 표현 방법, 조형 요소와 원리 등)을 분석하여 작품의 특징을 설명할 수 있다.
- 다양한 방법을 활용하여 작품을 감상하며 작품에 관한 서로 다른 관점을 존중할 수 있다.

이 단계가 질문 감상 모형 3단계 중 가장 핵심이 되는 단계이므로 40분을 계획했다면 30분 정도를 이 단계에 할애한다.

⑤ 평가하기

앞선 단계들에서 나온 반응을 종합하여 해당 작품에 대한 평가를 내리는 단계이다. 그림에 대한 다양한 평가가 담기는 응답을 얻을 수 있는 질문을 던져야 하며 응답할 때는 반드시 이유를 함께 말해야 한다. 가장 단순한 질문으로는 "이 작품을 구입한다면 얼마까지 지불하겠니?"가 있겠지만 초등학생 수준에서 적합한 질문은 아니다. 금액적 가치를 묻는 말보다 정서적이거나 심미적 가치를 평가하는 질문을 던지는 것이 좋다. "이 그림을 선물 받는다면 집에 걸어 둘 거니? 건다면 집 안 어디에 걸고 싶니?"와 같은 질문이 좋다. "저는 거실에 걸고 싶어요. 이 그림이 포근하고 어딘가 신나는 느낌이라 가족들과 함께 보고 싶기 때문이에요." 또는 "저는 이 그림이 어딘가 우울해 보여서 집 안에 걸진 않을 것 같아요."와 같은 응답이 나오게 된다. 이러한 대답 속에 이 그림에 대한 자신의 평가가 자연스럽게 반영되는 것이다. "이 그림을 선물한다면 우리 반 친구 중 누구에게 하고 싶니?", "이 작품으로 상품을 만든다면 어떤 물건으로 만들고 싶니?"과 같은 질문도 좋다.

3 작품으로 글짓기

질문 감상 모형을 통해 작품에 대해 뜯어보고 상상한 것들을 바탕으로 자유롭게 글짓기를 하는 것이 좋다. 학생들의 상상력이 들어갈 만한 주제로 자유롭게 글쓰기를 한다.

작품으로 글짓기 주제 예시
• 작품을 만든 사람의 입장에서 작품을 완성한 날의 글 쓰기 • 그림 속 인물 중 한 명을 선택하여 그 인물의 입장에서 글 쓰기 • 작품 속 인물이나 사물, 배경 등을 이용하여 새로운 이야기 만들기 • 작품 속 장소로 소풍 간 글 쓰기 • 도슨트가 되어 작품을 소개하는 글 쓰기(프로필을 모른 채) • 작품 속 사물의 관점에서 전지적 작가 시점으로 글 쓰기 • 작품의 앞뒤 상황을 상상하여 글 쓰기 • 작품을 보며 든 나의 생각들 정리하기 (평범한 감상문 형식) • 작품 속 내용으로 시 짓기 • 해당 작품에 부정적인 시선을 가진 미술 비평가가 되어 비평문 쓰기

앞서 질문 감상 모형을 통해 나눈 이야기들이 단편적인 상상력의 조각이었다면 작품을 주제로 쓴 글은 자신과 친구들의 종합적인 상상력을 엿볼 수 있다. 때문에 글을 쓴 뒤에는 발표나 돌려 읽기 등으로 친구들과 나누는 시간을 가지는 것이 좋다.

4 작품 정보 조사하기

'질문 감상 모형과 작품'으로 글짓기 활동까지 완료했다면 작품 정보 조사하기 활동에 돌입한다. 차시 구성에 여유가 없다면 '질문 감상 모형' 활동 후 바로 '작품 정보 조사하기' 활동에 들어가도 좋다. 학생들이 작품에 대한 정보를 조사할 때 가장 유의할 것은 '정보의 신뢰성'이다. 대부분 인터넷 검색을 활용하여 작품을 조사하려 하는데 인터넷은 신뢰성이 보장되지 않은 정보들로 넘쳐난다. 또한 초등학생들은 아직 신뢰성이 높은 자료에 접근하거나 정보의 진실 유무를 판단하는 능력이 충분하지 못하다. 때문에 학생들이 신뢰도 높은 자료에 접근할 수 있는 환경을 제공해 줄 필요가 있다. 때문에 학생들이 직접 검색을 하여 정보를 찾는 수업은 지양하는 것이 좋다. 3, 4학년과 같은 중학년까지는 작가나 작품과 관련된 그림책이나 교사가 잘 정리한 텍스트 자료 정도에서 정보를 찾아 정리하도록 해야 한다. 5, 6학년과 같은 고학년에서는 태블릿 PC나 PC를 이용하여 정보를 찾아 정리할 수 있다. 하지만 마냥 인터넷 포털 사이트에서 검색하기보다는 구글 '아트 앤 컬처'와 같이 신뢰도가 높은 사이트를 이용하는 것이 바람직하다. 특히나 블로그나 위키백과와 같은 매체에서 찾는 정보는 신뢰도가 떨어지기 때문에 자료 수집에서 제외하도록 해야 한다. 3, 4학년과 같이 그림책이나 교사가 정리한 텍스트를 이용하거나 도서관에서 조금 더 수준 높은 도서를 이용하여 정보를 수집하는 것이 바람직하다.

5 잘못된 감상 수업의 예

1 작품과 작가에 대한 정보를 먼저 제시하는 수업

"여러분 이 그림은 조르주 쇠라가 그린 그랑자트섬의 일요일 오후라는 그림이예요." 감상 수업 도입에 아주 부적절한 예시이다. 감상이란 작품과 작가에 대한 사전 지식 없이 개인의 내면에서 다양한 상상과 감정이 일어나는 내적인 작용을 의미한다. 세상에 존재하는 모든 작품에 대한 정보를 학습할 수는 없으며 학습하더라도 오랜 시간 기억하기도 어렵다. 게다가 작품에 대한 정보는 학생들의 상상력을 제한한다는 큰 단점이 있다. 예를 들어 어떤 그림을 질문 감상 모형을 통해 감상할 경우 학생들은 '그림 속 인물들은 무엇을 하고 있는가?', '그림 속 배경은 어느 나라일까?', '이 그림은 상상화일까 사실화일까?'와 같은 질문을 만들고 다양한 상상을 할 수 있다. "무궁화꽃이 피었습니다를 하는 것 같아요.", "술래잡기하는 모습으로 보여요", "건물 양식과 옷을 보니 유럽 같아요." 등의 상상과 응답을 할 수 있다. 앞에서 소개한 그림은 미국의 사실주의 화가 윈슬러 호머가 그린 'Snap the whip' 한국말로는 '채찍을 돌려라'라는 그림이다. 사진 속 장소는 미국일 테고 작가가 목격한 장면을 그린 사실화일 것이다. 게다가 사진 속 아이들은 Snap the whip이라 불리는 채찍 놀이를 하고 있다. 가장 오른쪽에 선 친구가 중심을 잡고 모두가 손을 잡고 채찍을 돌리듯이 빙빙 돌면 가장자리의 아이부터 원심력으로 튕겨 나가는 그런 놀이인 것이다. 이렇게 작품에 대한 정보가 공개되는 순간 학생들의 상상력이 머물 수 있는 부분은 사라지고 만다. 무작정 작품에 대한 지식을 가르치지 말자는 것이 아니다. 먼저 제시하여 학생들의 상상력에 제한을 두지 말자는 것이다. 작품에 몰입하여 많은 상상을 해 본 뒤 만나는 작품에 대한 지식이야말로 학생들의 마음속에 오랫동안 의미 있게 남아 있을 것이다.

② 감상 활동 이후 표현 활동으로 연계하는 수업

"여러분 조르주 쇠라의 작품 그랑자트섬의 일요일 오후를 한번 자세히 관찰해 보세요. 이 그림은 어떤 방법으로 그린 것일까요?"라 질문하며 '점·묘·법'이라는 글자를 꼭 들어야만 직성이 풀린다. 여기서 끝이 아니다. "그럼 우리 점묘법을 사용하여 작품을 그려 볼까요?"라며 은근슬쩍 표현 수업이 된다. 이렇게 진행한다면 쇠라의 그림을 체험 수업으로 활용한 것일까? 감상 수업으로 활용한 것일까? 두 영역 모두 맞지 않는 정체성이 불분명한 활동을 한 것이다. 감상수업은 순수하게 감상으로만 끝나야 한다. 감상하는 척 표현 수업으로 연계되는 활동이 반복된다면 학생들은 표현에 대한 부담을 안은 채 작품을 대하게 되고 몰입력 있는 감상을 할 수 없다.

③ 수행평가를 위한 일회성 수업

평소 미술 표현 수업에 치중하다 수행평가 기간이 다가오면 일회성으로 감상수업을 진행하는 경우 감상 수업의 의미가 퇴색된다. 평소 수업에서 질문 감상모형을 통해 다양한 작품을 접했을 때 수행평가를 위한 감상 또한 의미 있는 수업이 된다.

모두가 성공하는
디지털 미술활동

초판 1쇄 발행 2024년 12월 23일

지은이 김보법, 이병용

펴낸이 이형세
펴낸곳 테크빌교육㈜
테크빌교육 출판 서울시 강남구 언주로 551, 5층 | **전화** (02)3442-7783 (333)

기획편집 한아정 | **디자인** 하남선

ISBN 979-11-6346-195-1 93370
책값은 뒤표지에 있습니다.

테크빌교육 채널에서 교육 정보와 다양한 영상 자료, 이벤트를 만나세요!

블로그 blog.naver.com/njoyschoolbooks   **페이스북** facebook.com/teacherville
인스타그램 @tkvl_b   **티처빌** teacherville.co.kr
쌤동네 ssam.teacherville.co.kr   **티처몰** shop.teacherville.co.kr